Etapas

LIBRO DEL profesor

Etapa 12
Proyectos

Nivel

B2.3

Edi
numen

© Editorial Edinumen, 2012.
© **Autoras:** Anabel de Dios Martín, Sonia Eusebio Hermira y
Berta Sarralde Vizuete.

ISBN: 978-84-9848-356-7
Dep. Legal: M-25208-2012

Coordinación editorial:
Mar Menéndez

Edición:
David Isa

Diseño de cubierta:
Carlos Casado

Maquetación:
Carlos Casado

Fotografías:
Archivo Edinumen

Impresión:
Gráficas Glodami. Coslada (Madrid)

Editorial Edinumen
José Celestino Mutis, 4.
28028 Madrid
Teléfono: 91 308 51 42
Fax: 91 319 93 09
e-mail: edinumen@edinumen.es
www.edinumen.es

Extensión digital de *Etapa 12*: consulta nuestra **ELEteca**,
en la que puedes encontrar, con descarga gratuita,
materiales que complementan este curso.

La Extensión digital para el **profesor** contiene los siguientes materiales:

☐ Libro digital del profesor: introducción, guía del profesor, claves,
fichas fotocopiables, transparencias...

☐ Fichas de cultura hispanoamericana

☐ Resumen lingüístico-gramatical

Recursos del profesor:

Código de acceso

98483567

www.edinumen.es/eleteca

La Extensión digital para el **alumno** contiene los siguientes materiales:

■ Prácticas interactivas

■ Claves y transcripciones del libro de ejercicios

■ Resumen lingüístico-gramatical

Recursos del alumno:

Código de acceso

98483512

www.edinumen.es/eleteca

Instituto
Cervantes

Este método se adecua a los fines del *Plan Curricular* del Instituto Cervantes

La marca del Instituto Cervantes y su logotipo son propiedad exclusiva del Instituto Cervantes

Introducción a Etapas

Etapas es un curso de español cuya característica principal es su **distribución modular** y **flexible**. Basándose en un enfoque orientado a la acción, las unidades didácticas se organizan en torno a un objetivo o tema que dota de contexto a las tareas que en cada una de ellas se proponen.

Características:

- **14 módulos** de **30 horas** correspondientes a los niveles A1, A2, B1 y B2 según las orientaciones del *Marco común europeo de referencia para las lenguas* (MCER) y su concreción en el nuevo *Plan curricular del Instituto Cervantes. Niveles de referencia* (PCIC).

- Cada módulo presenta la opción de acortarse, si se prescinde de las actividades opcionales que se incluyen, o ampliarse, si se aprovecha el material extra, y ajustarse así a las necesidades particulares de cada grupo.

Se ofrece en los siguientes **itinerarios**:

- Dos itinerarios estándar: **Etapas** y **Etapas Plus**, diseñado cada uno de ellos según una organización de contenidos y estructura específica.

- **Mis Etapas a medida:** los módulos se pueden adaptar a las distintas necesidades y contextos de aprendizaje combinándolos para obtener los manuales más adecuados a cada centro.

Más información: comercial@edinumen.es y www.edinumen.es/misetapasamedida

I. Estructura y organización de contenidos

Los contenidos de **Etapas** se materializan en módulos que siguen una secuencia estructurada, dosificada y adecuada al tiempo recomendado para su aprendizaje y asimilación.

Cada nivel de **Etapas** aporta al docente:

- unos contenidos y actividades fundamentales para trabajar en el aula, estructurados en bloques de 20 horas.

- unos contenidos y actividades con otras 20 horas extras de materiales:

  - **Actividades extras** incorporadas en el **Libro del profesor**.

  - Actividades de la extensión digital en www.edinumen.es/eleteca cuyo código de acceso figura en el **Libro del alumno** correspondiente.

  - Actividades del **Libro de ejercicios**.

El profesor podrá decidir si desea trabajar con ellos a modo de refuerzo y complemento, o bien obviarlos en función del ritmo y necesidades de su grupo.

2. Las unidades didácticas, las tareas y las actividades

Las unidades de cada **Etapas** están organizadas en torno a un tema u objetivo final, que dota de coherencia y contexto a cada una de las actividades que las conforman, pudiendo así ofrecer al alumno espacios que le permitan **aprender español para usarlo**. Se proponen, así, tareas de aula ficticias (aprender **para usar**), pero no se olvida que la clase es una situación real con unos participantes que tienen una finalidad y que, por tanto, justifica la realización de actividades para la práctica y sistematización de contenidos lingüísticos (**aprender** para usar).

En **Etapas** las unidades contemplan, pues, los siguientes tipos de actividades:

- **Tareas**: actividades que permiten a los alumnos utilizar la lengua para conseguir un fin o resultado. En palabras del MCER: "Las tareas de aula de carácter 'pedagógico' se basan en la naturaleza social e interactiva del aula y en su inmediatez. En estas circunstancias, los alumnos acceden a participar en situaciones ficticias…". (**Aprender para la acción**).

- **Actividades de lengua** a través de interacciones orales y escritas, comprensiones auditivas, comprensiones lectoras, expresiones orales y escritas, con las que se pretende que el alumno sea capaz de conseguir las destrezas que el MCER determina para cada nivel en cada una de ellas. (**Aprender para usar**).

- **Actividades de aprendizaje** con las que se presentan y practican contenidos lingüísticos. (**Aprender**).

- **Actividades de reflexión** sobre el aprendizaje. (**Aprender a aprender**).

- **Juegos o actividades lúdicas.** (**Aprender divirtiéndose**).

3. La metodología

Como hemos podido ver, **Etapas** se basa en un **enfoque orientado a la acción**. Tiene una concepción comunicativa de la lengua y la creencia de que el aprendizaje es constructivo y significativo, y que infiriendo, deduciendo y relacionando formas y significados, usando y haciendo cosas con la lengua es como se aprende. El método o forma de conseguirlo dependerá de los gustos y estilos de aprendizaje de los alumnos: **Etapas** no sigue una metodología rígida y única. En **Etapas, Libro del profesor**, se ofrecen alternativas, sugerencias y distintos itinerarios en las actividades, porque creemos que siempre es el profesor quien decide según las necesidades de sus alumnos. El **Libro de ejercicios** será utilizado por el alumno como apoyo a los contenidos de la unidad.

4. Los componentes

Cada nivel de **Etapas** se compone de:

- **Libro del alumno**, **Libro de ejercicios** en un volumen con **CD** de audiciones.

- En el **Libro del profesor** se incluyen, además de las sugerencias y explicaciones didácticas de las secuencias del **Libro del alumno**, las claves y transcripciones del **Libro del alumno** y del **Libro de ejercicios** y las fichas y material para transparencias que sirven al profesor para complementar y apoyar las explicaciones y actividades del **Libro del alumno**. El libro del profesor se encuentra también en formato electrónico con descarga gratuita en www.edinumen.es/eleteca.

- Los estudiantes pueden consultar las soluciones y transcripciones del **Libro de ejercicios**, así como el material complementario, en la página web de Editorial Edinumen (www.edinumen.es/eleteca), de forma que este puede ser utilizado de forma independiente y autónoma, si los alumnos así lo desean.

Etapa 12: Proyectos

Unidad I

Dime qué prefieres

En esta Etapa se propone terminar con un proyecto: realizar un test de evaluación que diseñarán los propios alumnos en la unidad 4. Para ello todas las unidades terminan con la sección titulada *Diario de aprendizaje* con la que se reflexiona sobre lo que se ha aprendido y cómo se ha aprendido. Este les servirá para la elaboración del examen final.

I Dime qué eliges y te diré cómo eres

En este epígrafe se motiva el tema de la unidad y se introducen algunos significados de los adverbios terminados en –*mente*. Se aprovecha este contenido gramatical para presentar un tipo de colocación léxica: verbo + adverbio en –*mente*.

Pregunte a los alumnos si creen que es cierta la frase que encabeza el epígrafe. Inicie una interacción oral animando a los estudiantes a que den ejemplos que demuestren o contradigan la afirmación. Cuando lo crea conveniente, presente la actividad, motíveles diciendo que van a comprobar qué de cierto hay en la pregunta.

I.I. Deje unos segundos a los alumnos para que individualmente piensen en la respuesta. Asegúrese de que todos conocen el tipo de red social a la que se hace referencia o el tipo de música que se menciona. Deje que se lo expliquen unos a otros. Haga una puesta en común y motive la lectura de los textos siguientes creándoles expectación sobre la respuesta.

I.I.I. Divida a la clase en tres grupos (A, B y C) y dé a cada alumno una copia del texto correspondiente y que le ofrecemos en la ficha 1. Pídales que lo lean y que se ayuden, si lo necesitan, con los problemas de vocabulario o comprensión.

 Ficha 1. *Dime qué eliges y te diré cómo eres.*

I.I.2. Se propone una dinámica de *jig saw* o grupo de expertos: redistribuya la clase en tríos de manera que en cada uno haya un miembro del grupo A, otro del B y del C. Pídales que compartan la información de los textos y discutan si están de acuerdo con la respuesta, si se sienten descritos o si por el contrario, los autores no han acertado en absoluto.

I.2. Proyecte el texto de la transparencia 1 para hacer el ejercicio. Ponga a los alumnos en parejas, pídales que lean la información sobre los adverbios terminados en –*mente* y que completen los espacios con los adverbios correspondientes del texto. En la puesta en común, resuelva las dudas de los alumnos.

1. necesariamente, forzosamente; **2.** curiosamente, lamentablemente, afortunadamente; **3.** inteligentemente, correctamente, tranquilamente.

 Transparencia 1. *Dime qué coche tienes y te diré cómo conduces.*

I.2.I. Actividad que presenta un tipo de colocación (verbo + adverbio). Lo esperable es que en esta primera parte los alumnos tengan problemas con los significados, por eso, adviértales que solo deben contestar a las que creen que pueden saber el significado. Una vez que hayan intentado resolver el ejercicio, pídales que pasen a la siguiente actividad.

I.2.2. En este caso el significado del verbo con el que normalmente se combinan los adverbios, debería ayudarles a entenderlas. Este es el objetivo; haga consciente al estudiante de lo que están aprendiendo y por qué. Explíqueles que en todas las lenguas hay determinadas combinaciones léxicas que siempre se presentan de esa manera y que juntas ofrecen un significado. Recuerde, si es necesario, el significado de colocación que se vio en la etapa anterior y la importancia que estas tienen en el aprendizaje de una lengua.

En todas las combinaciones el adverbio enfatiza el significado del verbo.

I.2.3. Práctica de lenguaje. Distribuya a los alumnos en grupos y pídales que elijan 4 o 5 combinaciones para utilizarlas dentro de un contexto. Hagan juntos el ejemplo del libro. Asegúrese de que los alumnos eligen expresiones diferentes, de no ser así, repártalas usted.

2 Dime qué coche...

En este epígrafe se introduce vocabulario relacionado con la conducción y los coches, y se presenta la tercera condicional para expresar hipótesis imposibles, hacer lamentaciones y reprochar.

2.I. Motive la actividad con las preguntas que se plantean para sondear qué saben los alumnos sobre el tema. Una vez que lo haya comprobado, pídales que resuelvan la actividad: explíqueles que a partir de la imagen y de las definiciones, deben elegir el verbo que falta en cada combinación léxica.

1. hacerse añicos el parabrisas; **2. arrancar/encender** el motor; **3. meter/poner** las marchas; **4. abollar(se)/arañarse** la carrocería; **5. rozarse** el parachoques; **6. pinchar(se)** una rueda.

2.I.I. Amplíe el vocabulario relacionado con los coches y la conducción pidiendo a los alumnos que participen en la presentación: pídales que subrayen las palabras que conocen, pero que no utilicen los diccionarios para buscar las que no saben. El uso o no de los artículos (determinados o indeterminados) depende de su uso combinatorio más frecuente, que verán en la siguiente actividad.

2.I.2. Ponga en común el vocabulario y explique usted el que nadie conozca.

2.I.3. Actividad que permite practicar el léxico con sus combinaciones.

1. el volante; **2.** las marchas; **3.** maniobras, la rotonda; **4.** el freno, el embrague; **5.** el peaje; **6.** los faros, los intermitentes; **7.** el capó; **8.** el motor; **9.** un adelantamiento; **10.** el retrovisor; **11.** el limpiaparabrisas; **12.** la matrícula; **13.** un bache.

2.I.4. Actividad opcional. Divida a los alumnos en dos grupos y pida que uno de los alumnos vaya al otro equipo para que estos le digan en voz baja o al oído la palabra que debe dibujar en la pizarra para que su grupo la adivine en el tiempo que usted decida. Una vez adivinada o pasado el tiempo, haga lo mismo con el siguiente grupo, así hasta que usted lo considere. Gana el grupo que más palabras haya adivinado en el tiempo estipulado.

2.2. Secuencia de integración de destrezas. Inicie la interacción oral y prepare a los alumnos para la escucha posterior con esta actividad. Anímelos a que usen algunos de los contenidos aprendidos hasta el momento con el ejemplo que se ofrece.

2.2.1. Pídales esta primera tarea de escucha general.

El coche es el medio que más impactos provoca (contaminación, consumo de espacio, accidentalidad, congestión y ruido).

2.2.2. Ponga de nuevo la audición para hacer una escucha más detallada. Explíqueles que con la información recogida deberán hacer una escrito informativo sobre el tema.

2.3. Con esta secuencia se presenta la tercera condicional para expresar hipótesis imposibles. La actividad presenta la situación para contextualizar el contenido. Involucre a los estudiantes en todo el proceso. Anímelos a que anticipen el accidente que va a tener lugar y lo describan.

2.3.1. Ofrézcales más datos para reconstruir la historia que han aventurado en la actividad anterior. Pídales que, de nuevo, especulen sobre lo que va a ocurrir para posteriormente compararlo con lo que ocurrió realmente. Asegúrese de que conocen el vocabulario.

2.3.2. Haga una puesta en común de las versiones de los alumnos e introduzca la siguiente actividad explicándoles que van a escuchar las declaraciones de los conductores.

2.3.3. Ponga la audición una primera vez para contestar a la pregunta de escucha general y, antes de la puesta en común, deje que comenten sus respuestas en parejas. A continuación, llame su atención sobre el cuadro de reflexión y, si es necesario, haga una segunda escucha para que oigan las frases de nuevo en todo su contexto. Si lo cree conveniente, deténgase en la perífrasis de conato (*íbamos a salir*), analícela junto a la otra que aparece también en la audición: *estaba aparcada en doble fila pero iba a ser un momento*.

2.3.4. Actividad en la que se ofrecen los modelos de lengua del contenido lingüístico que se quiere introducir. Pida a los alumnos que se fijen en las formas verbales en negrita para que las imiten y puedan producir sus ejemplos. El objetivo es una presentación inductiva de la estructura y del uso.

3. habría/hubiera frenado; **4.** hubieran funcionado; **5.** habrían/hubieran aparcado; **6.** se hubiera entretenido; **7.** hubiera construido.

2.3.5. Es el momento de verificar que los alumnos han interiorizado la estructura. Pida que completen el cuadro con los ejemplos.

2.3.6. Asegúrese de que entienden el significado de *reprochar* y *lamentarse*. Ayúdese de los ejemplos para la explicación, si fuera necesario, y sobre todo, para ilustrarles lo que tienen que hacer. Deje claro que no se trata de hacer una transformación literal de los modelos anteriores, sino una frase natural que exprese un reproche o una lamentación. Llame su atención sobre la estructura que también pueden usar, y que aparece en el cuadro de reflexión; explíqueles la importancia del contexto y de la entonación para la diferencia entre ambas funciones, y pídales que expliquen el contexto en los casos en los que lo necesiten.

2.4. La actividad de comprensión lectora introduce un contenido sociocultural relacionado con el tráfico y los coches en España: el problema del aparcamiento. Adviértales que además de elegir el verbo adecuado, este lo deben poner en la forma correcta.

La respuesta puede variar. A continuación ponemos la que aparece en el original. Pero dé como correctas las que considere que lo son.

1. golpeó; **2.** quedé; **3.** repasé; **4.** ponerme; **5.** iluminó.

> *El bolígrafo de gel verde* se ha convertido en un fenómeno editorial. Su autor, Eloy Moreno, trabaja como informático en el Ayuntamiento de Castellón y se autoeditó, promocionó y distribuyó el libro él mismo en su ciudad, logrando vender 3000 ejemplares allí. En la actualidad ha sido editado y distribuido por Espasa, está en imprenta la segunda edición.

2.4.1. Involucre a los estudiantes con sus experiencias y opiniones.

2.5. Continúe trabajando el contenido sociocultural relacionado con el tráfico y la conducción. Pídales que lean los textos, resuelva las dudas de vocabulario y pase a la siguiente actividad de interacción oral.

2.5.1. Anime a los estudiantes a que hablen sobre los temas que se plantean en las preguntas.

3 Dime qué música escuchas…

En este epígrafe, junto al contenido cultural, se trabajan las destrezas comunicativas de la lengua y se presentan algunos usos del gerundio.

3.1. La actividad motiva una campaña publicitaria conjunta de Renault y Apple, que se presenta en el siguiente ejercicio. Discuta en grupo clase las respuestas a las preguntas que se plantean para cada imagen y cuando lo crea oportuno pase a la siguiente actividad con la pregunta: "¿Sabéis por qué están relacionadas las dos imágenes?".

> El Clio iPod de Renault, en una edición limitada y en colaboración con Apple, tiene como principal característica un soporte para el iPod integrado con el equipo de audio y los mandos en el volante del coche.
>
> El primer logotipo de Apple representa a Sir Isaac Newton sentado bajo un árbol de manzanas. Sin embargo, el primer diseño no resultó del agrado de bastante gente en Apple, por lo que se encargó un rediseño a Rob Janoff, el cual presentó una variedad de logos monocromáticos basados en la misma manzana. El concepto gustó, pero Jobs insistió en que el logo incluyera los colores del arco iris para resaltar la humanización de la empresa y la calidad de imagen del Mac.20.

3.1.1. Una vez que la incógnita anterior esté resuelta con la lectura del pequeño texto, motíveles a la siguiente actividad invitándoles a ver la descripción de tres anuncios de la campaña publicitaria.

3.1.2. y **3.1.3.** Pida a los alumnos que vean los anuncios en http://losmejoresanunciosde-television.com/?s=Clio+iPod o escuchen las canciones buscándolas en *Youtube*. Anímelos a que comenten si conocen las canciones y discutan si es acertada la elección de estas en función del título del anuncio.

Actividad extra. Sugerimos trabajar con las letras de las canciones. Búsquelas en Internet, fotocópielas y pida a los alumnos que, en parejas, las traduzcan. Si usted y el grupo lo permite, anímeles a que canten la versión en español.

3.2. Involucre a los alumnos con sus intereses y opiniones. Anímelos a que, siguiendo el modelo visto en los anuncios de la campaña anterior, hablen de canciones o tipo de música que escuchan o escucharían en las situaciones que las imágenes les pueden sugerir. Pídales que intenten justificar sus respuestas. Déjeles un tiempo antes para que, individualmente, piensen en la actividad.

3.2.1. Motive el texto preguntando a los alumnos si se consideran unos "fanáticos" de la música, si suelen escuchar música en todas partes (en el metro o autobús, mientras andan, cuando hacen deporte...), si disponen de reproductor de Mp3, si tienen diferentes listas de reproducción que usan en situaciones distintas. Llévelos hasta el tema del artículo: si consideran que dependiendo del deporte hay música más adecuada que otra. Pídales que completen el texto con su opinión. Póngales en parejas.

3.2.2. Proyecte el texto de la transparencia 2 para que lo comparen con sus respuestas y pídales que contesten a las preguntas de la actividad.

Transparencia 2. *Música y deporte.*

3.2.3. Haga fotocopias de la transparencia 2 y repártaselas a los alumnos para que hagan la actividad. Dígales que subrayen los gerundios y escriban al lado el significado o uso que aparece en el cuadro de reflexión.

marcando los ritmos y velocidad: modo; escuchando música: condición; elevando pesos: simultaneidad; poniendo música más lenta: modo.

3.3. Las imágenes presentan a tres iconos de la música española. Sondee qué saben los alumnos sobre música española, en general, y de los grupos que aparecen en la actividad. Deje que ellos compartan lo que sepan, pero no les dé usted más información porque la tendrán en el siguiente ejercicio.

3.3.1. Divida a la clase en tres grupos y haga fotocopias de la ficha 2; recorte las tarjetas. De un juego a cada grupo para que las clasifiquen.

Ficha 2 (A y B). *Quién es quién.*

Miguel Ríos: 1, 4, 7, 9, 12, 13; Mecano: 2, 3, 11, 15; Alaska: 5, 6, 8, 10, 14, 16.

3.3.2. Presente las canciones y pídales que busquen en el diccionario las palabras que no comprendan para hacer la actividad.

3.3.3. Anime a los alumnos a que escuchen las canciones anteriores en *Youtube* para que comprueben el título y el grupo al que pertenecen. Al final, pregúnteles si las habían escuchado, si les gustan, etc.

3.4. **Actividad opcional.** Distribuya a los alumnos en grupos y anímelos a que diseñen un anuncio para la campaña que han estado viendo.

4 Dime qué redes sociales usas...

En este epígrafe se continúan trabajando temas culturales relacionados con la música y la literatura. Se presentan nuevas estructuras y algunos conectores para expresar condiciones.

4.1. Motive la actividad preguntando a los alumnos el tipo de información que tienen en sus muros de Facebook o qué les gusta leer en los de los amigos. Inicie una interacción oral sobre el tema. Introduzca los textos de la actividad con las preguntas que se sugieren en la actividad. El muro nos sirve de pretexto para introducir las frases condicionales.

> Haiku: consiste en un poema breve (tres versos de cinco, siete y cinco sílabas). Es una de las formas de poesía tradicional japonesa más extendidas.

> Javier Salvago (Paradas, Sevilla, 1950) es uno de los principales representantes de la poesía de la experiencia, que se desarrolló en la lírica española durante los años 80 y 90. La obra poética de Salvago alcanza su punto de mayor reconocimiento con la publicación de *Volverlo a intentar*, poemario que tras su publicación consigue el Premio de la Crítica de poesía castellana. Ha obtenido también el reconocimiento de galardones como el Premio Rey Juan Carlos I de poesía o el Luis Cernuda. Trabajó como guionista en un programa de televisión muy famoso: *El loco de la colina* de Jesús Quintero.

> *Fito y los fitipaldis* es un grupo español creado en 1998. Su tipo de música cuenta con influencias desde el *rock and roll* pasando por el *blues*, el *soul*, el *swing*, pero sin salirse nunca del *pop*. Sus letras suelen hablar de historias personales.

4.1.1. Comente en grupo clase el significado de las frases y, cuando lo crea conveniente, presente la siguiente actividad animando a los alumnos a que comenten las entradas de Sofía.

4.1.2. Explique a los alumnos que deben completar las frases con sus opiniones; llame su atención pidiéndoles que lean la información sobre los nexos condicionales que aparecen en el cuadro. Haga una puesta en común de las respuestas de los estudiantes y trate de que expliquen e intercambien sus ideas. Haga las aclaraciones y correcciones oportunas o dé las explicaciones necesarias sobre el uso de los conectores condicionales presentados.

4.1.3. Actividad opcional. Anime a sus alumnos a que conozcan y se interesen por la música hispana. Pídales que formen grupos según intereses y elijan a uno o dos grupos para buscar información sobre ellos. Explíqueles que deben hacer una presentación de unos 10/15 minutos para el resto de sus compañeros.

4.2. Actividad de comprensión lectora.

Tanto su visión de la vida como de sí mismo es negativa (*soy un superviviente, las estrellas brillan indiferentes, hay corrupciones, atentados, catástrofes, el mundo es un infierno, soy un perdedor...*).

4.2.1. Motive la interacción oral a partir del tema de la poesía anterior.

Etapa 12

4.3. Vuelva a llevar el tema de las redes sociales a las experiencias y realidades de los alumnos para introducir el texto que leyeron al comienzo de la unidad (actividad 1.1.1. , texto del grupo C), ya que servirá en la siguiente actividad para presentar el uso de la tilde diacrítica.

4.3.l. Para hacer la actividad, recuerde a sus alumnos que según las reglas generales de acentuación, los monosílabos no se acentúan, excepto cuando es necesario el uso de la tilde para distinguir significados (*tilde diacrítica*). Proyecte la transparencia 3 con el texto, pero adviértales que no encontrarán todos los pares de monosílabos. Pídales que pongan el significado de cada una de las palabras y haga con ellos el primer ejemplo.

Transparencia 3. *Dime qué red social usas y te diré…*

1. se: pronombre, sé: verbo saber; **2.** de: preposición, dé: verbo *dar*; **3.** mas: conjunción equivalente a *pero*, más: adverbio de cantidad; **4.** te: pronombre, té: bebida; **5.** mi: adjetivo posesivo, mí: pronombre posesivo; **6.** el: artículo, él: pronombre personal; **7.** aún: adverbio equivalente a *todavía*, aun: adverbio equivalente a *además*, *también*, **8.** tu: adjetivo posesivo, tú: pronombre personal.

5 Diario de aprendizaje

Termine la unidad haciendo consciente al estudiante de lo que ha aprendido y cómo ha aprendido. Esta sección, constante en todas las unidades de esta Etapa, les servirá para la elaboración del proyecto que se propone en la unidad 4. Deje que los alumnos lo completen en clase o en casa.

Unidad 2

¿Cómo nos educamos?

En esta unidad se abordan varios temas a través del hilo conductor de la educación. Se aprovechan diferentes contextos educativos para hablar del sistema educativo español, la familia, la labor social de los abuelos y las prohibiciones. Cada epígrafe comienza con la definición del diccionario perteneciente a una palabra que resume el tema principal.

1 En la escuela

En este epígrafe se presenta el sistema educativo español y se introduce el vocabulario relacionado con la educación, así como el estilo indirecto.

1.1. y 1.1.1. Anime a sus alumnos a que especulen sobre el sustantivo al que pertenecen las acepciones extraídas del diccionario de la RAE. A continuación, pídales que lean el fragmento de la Constitución Española para relacionarlo con las acepciones anteriores. Con esta actividad se contextualiza el epígrafe que tratará de la educación.

educación.

1.2. y 1.2.1. Para presentar el léxico relacionado con educación se propone la realización de un examen en grupos. Despierte el interés de los alumnos con la expectativa de obtener una buena calificación. Divida la clase en parejas y recorte las tarjetas de la ficha 3 (un juego por pareja) que contiene las preguntas del examen. Coloque cada grupo de preguntas en diferentes lugares de la clase. Pida que se levante un miembro de cada pareja para ir a coger la primera pregunta. Hasta que no terminen de responderla no pueden ir a recoger la siguiente. Cuando hayan resuelto las cuatro pruebas, pídales que se puntúen, para ello se ofrece información sobre el sistema de calificaciones en España.

 Ficha 3 (A y B). *Examen.*

1. bilingüe; **2.** públicos; **3.** privados; **4.** religiosos; **5.** laicos; **6.** pasar lista; **7.** está castigado; **8.** salir al recreo; **9.** alumnado; **10.** tutor; **11.** jefe de estudios; **12.** catedrático; **13.** rector; **14.** brillante; **15.** estudioso; **16.** conflictivo; **17.** común; **18.** obligatorias; **19.** optativas; **20.** grado; **21.** máster; **22.** doctorado; **23.** créditos.

Cuarta pregunta: **1.** h; **2.** a; **3.** c; **4.** g; **5.** b; **6.** e; **7.** d/f; **8.** d/f. (Hay otras combinaciones posibles, si las considera aceptables, delas por válidas).

1.2.2. Pida a sus alumnos que fijen por escrito el vocabulario que quieran recordar.

1.3. y 1.3.1. Actividad de interacción oral. Active el recuerdo de sus alumnos preguntándoles si se acuerdan de muchas cosas de su colegio. Dígales que lean las preguntas del cuestionario y que escriban una más. Cambie las parejas respecto a la actividad anterior y pídales que se hagan las preguntas. Le recomendamos que pasee por la clase para detectar posibles errores y realice una puesta en común de los mismos al final de la tarea.

Etapa 12

I.4. y I.4.I. Actividad de comprensión lectora con la que se aporta información sobre el sistema educativo español al mismo tiempo que se amplía el léxico relacionado con el tema de la educación. Motive a los estudiantes ofreciéndoles la posibilidad de subir nota en el examen anterior, dígales que tienen una pregunta extra que les ayudará. Vuelva a dividir la clase en las mismas parejas que se formaron para hacer la actividad 1.2. (el examen) y anímelos a completar el texto con las palabras que ellos crean adecuadas al contexto. No es importante si aciertan o no, es solo para activar sus conocimientos. Cuando ya hayan tenido un tiempo para examinar el texto, reparta a cada pareja un taco de tarjetas con las palabras de la ficha 4. Pídales que con esta nueva ayuda, comprueben sus hipótesis anteriores o piensen qué palabra va en cada hueco. No olvide subirles un punto en la nota de su examen si lo hacen bien. Si ve que hay vocabulario nuevo que puede ser útil para ellos, invítelos a que lo añadan en el espacio de 1.2.2.

1. universitaria; **2.** voluntario; **3.** tres; **4.** obligatoria; **5.** seis; **6.** cuatro; **7.** dieciséis; **8.** gratuita; **9.** dos; **10.** Bachillerato; **11.** itinerarios; **12.** universidad; **13.** escuela infantil; **14.** colegio; **15.** instituto.

Ficha 4. *Sistema educativo.*

I.4.2. Se propone una segunda tarea para el texto anterior. Fotocopie la ficha 5 con el esquema del sistema educativo español y pídales que lo completen teniendo en cuenta la información que acaban de leer.

Ficha 5. *Esquema del sistema educativo español.*

1. infantil; **2.** colegio; **3.** primaria; **4.** secundaria; **5.** instituto; **6.** secundaria obligatoria; **7.** Ciencia y Tecnología; **8.** ciclos formativos de grado superior; **9.** PAU.

I.5. y I.5.I. Secuencia de actividades para la consecución de la primera tarea de la unidad. Invite a sus alumnos a que piensen cómo es el sistema educativo en sus países y pídales que elaboren un esquema para explicárselo a sus compañeros. Dígales que pueden utilizar de modelo el que acaban de ver. Si tiene estudiantes con la misma nacionalidad, pueden trabajar juntos. Cuando lo hayan preparado, con su ayuda si la necesitan, pídales que hagan una exposición para el resto de los compañeros, apoyándose en el esquema. Advierta que deben tomar notas para comparar después los diferentes sistemas presentados. Para finalizar realice una puesta en común pidiendo que establezcan diferencias y similitudes entre ellos. Pregúnteles también cuál les gusta más o les parece más apropiado y por qué.

I.6. Empieza aquí la secuencia para la presentación del estilo indirecto. Esta primera actividad servirá para crear el concepto del discurso indirecto. Siga las indicaciones del libro del alumno.

estilo indirecto.

I.6.I., I.6.2. y I.6.3. Para la introducción del contenido gramatical relacionado con el estilo indirecto se propone una dinámica de grupo de expertos. Recorte las tarjetas de la ficha 6 y forme tres grupos en la clase: A–B–C. Reparta a cada uno únicamente la información que se corresponde con su letra. Déjeles que lean y entiendan las explicaciones que hay en las tarjetas y ayúdelos si lo necesitan. Cuando estén preparados, forme nuevos grupos de tal manera que quede en cada uno un representante de cada letra como mínimo. Anímelos a que intercambien toda la información y a que tomen nota en los espacios de 1.6.3. de todo aquello que les parezca importante. Esta última actividad les servirá de fijación del contenido. Le recomendamos que confirme que los alumnos entienden todo.

Ficha 6 (A y B). *El estilo indirecto.*

1.7. Práctica de lenguaje del estilo indirecto. Para contextualizar puede preguntar a sus alumnos si están familiarizados con las nuevas tecnologías y si usan diferentes aplicaciones en su móvil. Dirija su atención hacia las imágenes y pregúnteles qué creen que están haciendo estas personas con su móvil. Guíelos para llegar a que están utilizando una aplicación de mensajería instantánea y dígales que van a leer cuatro conversaciones que Juanjo tuvo a través de *WhatsApp* hace dos días. Pídales que, teniendo en cuenta la información teórica sobre el estilo indirecto, reproduzcan esas conversaciones en el espacio destinado a ello. Adviértales que las palabras de Juanjo están señaladas con los dos ticks verdes.

1. Carlitos preguntó si el profe había pasado lista ese día. Juanjo le contestó que sí y que le había puesto falta. Carlitos dijo que seguro que le llegaría el mensaje a su padre; **2.** Juanjo le dijo a Ariadna que por favor, le pasara los apuntes de la clase de ese día. Ella le respondió que no estaba en casa. Juanjo le respondió que se los llevara al día siguiente; **3.** Andrea le preguntó que cuándo sería el examen de dibujo técnico. Juanjo le respondió que creía que la semana siguiente. Ella le preguntó si iba a ser allí o en el aula de dibujo. Él le respondió que el profe iría allí; **4.** Juanjo le preguntó que cuándo habían quedado para el cumple de Elena. Javi le respondió que el sábado a las diez y le preguntó si iba a ir. Juanjo le respondió que lo tenía difícil, pero que allí estaría sin falta. Javi le dijo que se veían allí.

1.8. Actividad opcional con la que se introduce uno de los contenidos culturales. Si piensa que sus alumnos tienen interés en la literatura, le recomendamos que la haga. Les servirá también como nueva práctica del estilo indirecto.

Dirija la atención de sus alumnos hacia las imágenes de las portadas de los libros. Tres de ellos tienen como título el nombre de un personaje que han protagonizado más de una historia de sus autores. Pongan en común la información que tienen sobre ellos, pero tenga en cuenta que las tareas posteriores tratan únicamente de Manolito Gafotas.

> *Eva Luna* es una novela escrita por **Isabel Allende**, una de las autoras hispanoamericanas con más proyección internacional. Aunque es chilena ha vivido en varios países, su obra más conocida es *La casa de los espíritus*. Eva Luna es una niña huérfana de madre con una imaginación prodigiosa que la ayudará en su lucha por la supervivencia, ya que decide vender historias. En la novela podemos encontrar muchas semejanzas con dos países que la autora conoce bien, Chile y Venezuela, y tiene muchos elementos del realismo mágico. Allende eligió a Eva Luna como autora en la ficción de otro de sus libros *Los cuentos de Eva Luna*.
>
> **Manolito Gafotas** es un personaje de ficción de la escritora española **Elvira Lindo**. Esta autora estudió periodismo en Madrid y empezó su carrera profesional como locutora en la radio. Escribió guiones para espacios cómicos tanto de radio como de televisión. Así nació Manolito, al que ella misma se encargó de ponerle voz. *Yo y el Imbécil* es uno de los siete libros protagonizados por este personaje y destinados a un público juvenil. El título hace referencia a Manolito (*yo*) y a su hermano (*el Imbécil*) al que nunca llama por su nombre, le apoda así por sus lágrimas tan habituales como falsas.
>
> *El capitán Alatriste* es el título del primer libro de la colección *Las aventuras del capitán Alatriste*, escrito por el reportero y novelista español **Arturo Pérez-Reverte**. De esta primera entrega es coautora su hija Carlota. Es una novela histórica que nos lleva al

Madrid del siglo XVII donde Diego Alatriste, exmiembro de los tercios de Flandes (unidades militares de la Casa de los Austrias), se gana la vida como espadachín a sueldo. Le acompaña en sus aventuras su paje Íñigo Balboa y a través de ellas se muestra la corrupción y decadencia de la corte española de la época.

Como agua para chocolate está escrito por la mexicana **Laura Esquivel** cuyos comienzos se sitúan en la televisión donde escribió programas para niños. Esta novela fue llevada al cine y también tiene características del realismo mágico. Es la historia de Tita, una mujer que vive en el México de principios del siglo XX en plena revolución. Se tratan temas que se entrelazan: el amor, las relaciones familiares, las tradiciones, la cocina, etc. Tita está enamorada de Pedro, pero su familia, influida por la tradición mexicana, impide esta relación: la chica debe cuidar de su madre, ya que la costumbre indica que es obligación de la última hija. La gastronomía mexicana se utiliza como metáfora de los sentimientos.

1.8.1. Utilice esta comprensión lectora para ampliar la información sobre el personaje de Manolito Gafotas. Anime a sus alumnos a escribir dos preguntas más sobre la información extra que quieran saber del personaje. Haga una puesta en común de las preguntas e intenten responderlas entre todos. Si hubiera algún dato que desconozcan, incluido usted, puede proponer una tarea de búsqueda en Internet.

1.8.2. y **1.8.3.** Informe a los estudiantes de que van a leer un fragmento de la novela *Yo y el Imbécil*. Haga una preenseñanza de los términos que se proponen intentando que se expliquen entre ellos los que conocen. Después inicie la comprensión lectora advirtiendo de que, además del fragmento, tienen una pequeña contextualización. Anime a sus alumnos a que imaginen el carácter de "la Luisa".

1.8.4. Práctica que permite seguir trabajando con el estilo indirecto. Llame la atención de sus alumnos sobre los párrafos en negrita: en ellos Manolito reproduce, casi textualmente, dos conversaciones de su vecina. Advierta a sus alumnos que el estilo empleado es muy coloquial y vivo, ya que no hay que olvidar que el narrador es un niño de unos diez años. Divida la clase en parejas e invítelos a reconstruir las dos conversaciones entre la Luisa y el enfermero y la Luisa y el Imbécil. Dígales que recuerden el carácter de la mujer para imaginar cómo podrían continuar esos diálogos. Puede hacer una puesta en común intercambiando las parejas para comparar las versiones que han hecho de los diálogos.

2 En casa (de mis abuelos)

En este epígrafe se toca el tema de la familia mediante el cual se introducen los contenidos léxicos, gramaticales y culturales. Se da pie a una reflexión sobre el papel tan importante que están jugando los abuelos en la sociedad española. Se sigue trabajando con el estilo indirecto, utilizando otros verbos introductorios, y se presentan los imperativos lexicalizados más frecuentes.

2.1. Al igual que en el epígrafe anterior se comienza con una definición del diccionario para contextualizar el tema. Pida a sus alumnos que piensen a qué sustantivo se refiere.

familia.

2.1.1. Tarea de comprensión lectora en la que se introduce de forma contextualizada el léxico relacionado con la familia que se va a presentar, al mismo tiempo que se trabaja con el contenido cultural de los tipos de familia. Haga las dos preguntas que vienen en el libro del alumno y coméntelas en grupo clase. Pida a sus alumnos que lean el texto para determinar si en sus países es similar o no.

2.1.2. Sistematización del léxico presentado. Diga a sus estudiantes que observen las palabras resaltadas en el texto y que las relacionen con la definición correspondiente. Adviértales de que en el texto aparecen flexionadas, pero que ellos deben escribir el genérico que encontrarían en el diccionario (infinitivo para los verbos, singular para los sustantivos).

1. Familia numerosa; **2.** Familia adoptiva; **3.** (Niño) huérfano; **4.** Pelea/riña; **5.** Perder a un familiar; **6.** Hacer testamento; **7.** Heredar; **8.** Considerar como de la familia; **9.** Cónyuge; **10.** Descendiente; **11.** Nuera/yerno; **12.** Bisabuelo/a; **13.** Tatarabuelo/a; **14.** Suegro/a; **15.** Cuñado/a; **16.** Familiar.

2.2. Provoque una interacción oral proyectando la transparencia 4 y pidiendo a sus alumnos que comenten, primero en parejas y luego en grupo clase, lo que les sugieren las imágenes. Seguramente saldrá el sentimiento de utilización que tienen algunos abuelos en España debido a la responsabilidad que tienen en la educación de sus nietos, aproveche para preguntar si es igual en sus países. Cree expectativas informando de que van a escuchar un coloquio sobre el tema y así motivará la siguiente comprensión auditiva.

Transparencia 4. *Los abuelos.*

2.2.1. Utilice la información del libro del alumno para contextualizar la audición y presentar a los participantes del coloquio: Eusebio Mejías, coordinador del informe "Abuelos y abuelas… para todo"; Fátima Muñoz, madre trabajadora y Tomás Cabrero, abuelo que cuida de sus nietos. Pídales que marquen únicamente las frases que se corresponden con las declaraciones y pensamientos de los participantes. Es conveniente que escuchen dos veces y que discutan en parejas después de cada audición sobre cuál es la solución.

1, 2, 4, 5, 7, 9, 10, 11, 13, 14, 15.

2.2.2. Actividad de reflexión y sistematización del contenido gramatical. Las quince frases que se han utilizado en la tarea de la comprensión auditiva anterior ofrecen muestras de lengua para poder hacer la inferencia del comportamiento de la lengua. Pida a sus alumnos que las observen y que intenten completar los espacios en las explicaciones. Confirme que entienden bien todos los significados de los verbos y resuelva las dudas de lo que no les quede claro.

1. subjuntivo; **2.** indicativo; **3.** infinitivo; **4.** indicativo.

2.3. Práctica de lenguaje auditiva para identificar las intenciones de los hablantes y los verbos que las definen. Diga a los alumnos que van a escuchar diez frases diferentes y que tienen que relacionarlas con el verbo que les parezca más adecuado para transmitir esas palabras.

1. confesar; **2.** quejarse; **3.** acusar; **4.** aconsejar; **5.** pedir; **6.** negar; **7.** insistir; **8.** proponer; **9.** rogar; **10.** añadir.

2.3.1. Vuelva a poner la audición para trabajar la entonación. Pídales que escuchen y repitan ensayando una entonación adecuada a la intención que hemos identificado con los verbos anteriores.

2.3.2. Actividad opcional que le sugerimos que haga si piensa que sus alumnos necesitan más práctica del contenido. Fotocopie la ficha 7 con la transcripción de 2.3. y pídales que reescriban las frases transmitiendo el mensaje y la intención del hablante.

2.4. Con esta actividad se pretenden dos objetivos, por una parte se presentan las muestras de lengua para la introducción de los imperativos lexicalizados y por otra se empieza a preparar la segunda tarea de la unidad ofreciendo modelos textuales con tareas de tipo analítico. Pida a sus alumnos que lean el diálogo para completar el cuadro que les guiará a elaborar el contexto. Cuando realice la puesta en común de la tarea, recuerde que en el coloquio que han escuchado en 2.2.1. había una madre trabajadora que dejaba a su hijo con la abuela: infórmelos de que son las dos mujeres que aparecen en la imagen.

1. Hay dos mujeres que son madre e hija; **2.** Están en casa de la madre a la hora de la comida. La hija acaba de llegar del trabajo para recoger a su hijo, al que cuida la abuela; **3.** Las dos se quejan del mal día que han tenido y la madre se molesta por la actitud de su hija mientras esta intenta calmarla.

2.4.1. y **2.4.2.** Guíe a sus alumnos hacia la observación de las palabras resaltadas en negrita en la imagen anterior y pídales que piensen qué tipo de palabras son (todos son imperativos). Pregúnteles si creen que en ese contexto tienen un significado literal para llegar a la conclusión de que son imperativos lexicalizados que, en su mayoría, se utilizan como expresiones de un sentimiento determinado (sorpresa, ánimo, apremio, consolación...). Muéstreles los significados recogidos en 2.4.2. y anímelos a que los relacionen con el imperativo correspondiente, escribiendo el número que lo identifica en el diálogo. Adviértalos de que para algunos de estos imperativos (*anda*, *venga* y *vaya*) estos significados no son fijos, es el contexto el que lo proporciona. Para ello utilice la información recogida en el cuadro de atención.

a. 6; **b.** 1; **c.** 4; **d.** 5; **e.** 3; **f.** 7; **g.** 2.

2.4.3. Proyecte la transparencia 5 donde se ofrecen dos resúmenes de la conversación entre Fátima y su madre con la finalidad de mostrar un ejemplo de lo que luego tendrán que hacer los alumnos. Anímelos a que los lean para elegir el que más les guste. Como los dos pueden ser igual de válidos, pídales que justifiquen su elección. Si cree que es conveniente que tengan los modelos textuales, hágales fotocopia de la transparencia.

Transparencia 5. *Madre e hija.*

2.5. Informe de la tarea que van a hacer: escribir, representar y resumir un diálogo. Para empezar divida la clase en parejas y pídales que piensen en el contexto completando un cuadro exactamente igual al que se propuso en la tarea de comprensión. Recuérdeles que la conversación entre Fátima y su madre les puede servir de modelo y anímelos a escribir el diálogo utilizando algún imperativo lexicalizado. Pasee por la clase para ayudarlos y corregir los posibles errores.

2.5.1. Invítelos a trabajar con la entonación, ensayando la representación de los diálogos. Ayúdelos en todo aquello que necesiten para que aquellos que sean más introvertidos puedan adquirir confianza.

2.5.2. Realice la representación de todos los diálogos haciendo que cada pareja salga al centro de la clase. Pida a sus estudiantes que cuando escuchen, tomen notas sobre las conversaciones para poder hacer después un resumen. Una vez representados todos los diálogos, asigne a cada pareja la labor de resumir una de las conversaciones escuchadas, hágalo ordenadamente para que todas sean resumidas. Cuando hayan terminado de escribir sus resúmenes, pídales que se los pasen a la pareja correspondiente (la que ha representado ese diálogo) a fin de que decida si el resumen refleja bien o no tanto el contenido de la conversación como la intención de los interlocutores.

3 ¿En casa o en la escuela?

En este epígrafe se introducen los exponentes para expresar y rechazar prohibición.

3.1. Una vez más se comienza con una definición del diccionario, siga los mismos pasos que en los epígrafes anteriores.

prohibir.

3.1.1. Anime a sus alumnos a que establezcan una relación entre el verbo *prohibir* y el título del epígrafe: *¿En casa o en la escuela?* Así puede contextualizar la lista de prohibiciones que tienen en su libro. Pídales que las lean para decidir si están relacionadas con la escuela, con el hogar o podrían ser de ambos. Haga una puesta en común y si hay diferentes opiniones, anímelos a que expliquen su elección.

En la escuela: 1, 3, 5, 9, 10, 12; en el hogar: 6, 7, 11; ambos: 2, 4, 8.

3.1.2. Haga que sus estudiantes completen el cuadro de sistematización apoyándose en las muestras de lengua que tienen en la actividad anterior. Haga una llamada de atención sobre el uso de algunos de los exponentes, la información está en el cuadro del libro del alumno.

1. infinitivo; **2.** subjuntivo; **3.** subjuntivo; **4.** presente de indicativo.

3.2. Presentación de los exponentes para rechazar una prohibición. Guíe a sus alumnos para que reflexionen sobre el registro de los diferentes exponentes, pídales que lean los microdiálogos para clasificarlos en formal, coloquial o muy coloquial.

formal: 4; coloquial: 2, 5, 6; muy coloquial: 1, 3.

3.2.1. Fijación del contenido lingüístico. Ponga a los alumnos en parejas para que completen el cuadro de reflexión observando los diálogos anteriores.

1. Me temo que; **2.** Dónde; **3.** está prohibido; **4.** Pues claro que; **5.** de todas formas; **6.** Intenta pararme; **7.** la gana.

3.3. y 3.3.1. Actividad de interacción oral sobre las prohibiciones que les han impuesto a los estudiantes en su vida presente o pasada. Anímelos a que piensen en diferentes ámbitos: la escuela, el trabajo o el hogar. Haga la actividad en parejas y pregúnteles si aceptan las prohibiciones con facilidad o tienden a rechazarlas. Realice una puesta en común para saber si hay coincidencias entre los alumnos.

3.4. Tarea final de este epígrafe: establecer las prohibiciones de la clase. Ponga a sus estudiantes en parejas e invítelos a hacer una lista con las acciones que deberían estar prohibidas en clase.

3.4.1. y 3.4.2. Pida a los estudiantes que compartan sus ideas y que elijan solo ocho de las prohibiciones en las que han pensado para reflejarlas en un mural. Recuérdeles que en la unidad 1 vieron diferentes nexos condicionales y que pueden utilizar dos de ellos (*a menos que* y *a no ser que*) para determinar alguna excepción a esas prohibiciones. Si lo

Etapa 12

considera oportuno, puede introducir otro nexo equivalente: *salvo que*. Haga que elaboren el mural que quedará en un lugar visible de la clase, ya que son prohibiciones que han surgido de un acuerdo.

Actividad extra. Se trata de trabajar con un anuncio publicitario de la empresa sueca Ikea. Escriba en la pizarra el eslogan *Bienvenido a la república independiente de tu casa* y pregúnteles a los alumnos con qué empresa lo relacionan. Dígales que van a ver un vídeo con un anuncio de Ikea y pídales que identifiquen el tema (las prohibiciones) y que localicen uno de los imperativos lexicalizados que se han presentado en 2.4. (¡Dale!). Puede encontrar el vídeo de este anuncio en *Youtube* siguiendo este enlace: http://www.youtube.com/watch?v=dzIlsH124MI o búsquelo a través del texto "Anuncio Ikea 2007 (en el salón no se juega)".

Como tarea derivada, póngalos en tríos y anímelos a que escriban otra letra para la música de la canción. Puede delimitar el tema a las prohibiciones pensando en diferentes ámbitos (escuela, calle, casa, trabajo, etc.) o abrirlo a otros que también se han trabajado en la unidad (familia, relaciones, educación, etc.). Si tiene alumnos extrovertidos, puede resultar motivador cantar la versión personalizada de la canción.

 ## Diario de aprendizaje

Termine la unidad haciendo consciente al estudiante de lo que ha aprendido y cómo ha aprendido. Deje que los alumnos lo completen en clase o en casa.

Unidad 3

El siglo XX a escena

El tema que vertebra la unidad es el arte español y el teatro de segunda mitad del siglo XX hasta nuestros días. Hasta ahora, no son muchos los materiales que afrontan este momento y consideramos que puede ser de gran interés de un amplio abanico de estudiantes.

1 Arte contemporáneo

En este epígrafe se ofrece una pequeña visión del arte español y algo del hispano de finales del siglo XX en su mayor parte.

1.1. y 1.1.1. Como motivación al tema del epígrafe se presenta este test para que los alumnos hablen de su personalidad según sus preferencias de colores. Anímeles a imaginar qué color se asocia a cada carácter y a discutirlo posteriormente, mostrando su opinión.

1. Blanco; **2.** Negro; **3.** Rojo ; **4.** Amarillo; **5.** Púrpura; **6.** Azul; **7.** Verde; **8.** Gris.

1.1.2. Audición para aprender cómo se dicen ciertas tonalidades de colores recurriendo a la formación de palabras: prefijación, sufijación y adjetivación. Motívela buscando un elemento en la clase con algún color difícil de definir y pregunte a sus estudiantes de qué color dirían exactamente que es. Aproveche para introducir, si ninguno de ellos lo hace, la expresión *tirando a*. A continuación, ponga el audio para ampliar el vocabulario.

1. grisáceo, negruzco, blanquecino, pajizo, rosado; **2.** amarillento; **3.** Gris, Verde, manzana, marino, limón, canario, Rosa chicle, chillón.

Actividad extra. Anime a los alumnos a practicar los colores anteriores haciendo que uno de ellos busque algún objeto en la clase, diga su color y los demás tengan que adivinar de qué objeto se trata, tal como mostró usted en el ejemplo de la actividad 1.1.3.

1.2. Si cuenta usted con conexión a Internet en el aula, sería interesante que presente dos o tres imágenes de obras de alguno de los autores que se mencionan para motivar la actividad (lo encontrará sin ningún problema en *Google*) y crear expectativas sobre estas figuras indiscutibles del arte contemporáneo.

1.2.1. Los textos de la ficha 8 presentan la biografía de los autores anteriormente mencionados. Recórtelos y péguelos por la clase. Anime a los alumnos a completar el cuadro que se les propone en el menor tiempo posible: podría realizarse a modo de competición.

Materiales: arena, ropa, paja, tela, polvo de mármol, pigmento, aglutinante, óleo, arpillera, arcilla, tintas, hierro, aluminio, fundido, cristal, resina, plomo, acero inoxidable, poliéster, granito, nylon, madera, mimbre, troncos de roble y castaño. Técnicas: collage, goteo (*dripping*), ensamblaje, bajorrelieve, raspado (*gratagge*), grafiti, forjado, grabado, soldadura, impresión en platino, cortar, revelar los contactos, esculpir, moldear, cincelar, fundir, atornillar. Herramientas: espátula, punzón, cuchillo, lámina de acero, tijeras, pincel, lienzo. Movimientos artísticos: informalismo matérico, *action painting*, expresionismo, arte conceptual, *art brut*.

1.2.2. Actividad para aprender el vocabulario anterior. Cuando se corrija el cuadro, pregunte las dudas que resolverán entre los alumnos. Averigüe las palabras que nadie conoce y divídalas entre el número de estudiantes de su clase. Cada uno, deberá mirar en su diccionario el significado de sus palabras y explicarlo al resto de los compañeros. Este tipo de actividades desarrollan la autonomía de los aprendientes y descentralizan la figura del profesor.

1.2.3. Aproveche la tecnología con la que trabajan sus estudiantes: con iPhone, iPad o cualquier aparato de los que llevan a clase y que puedan conectarse a Internet para realizar un trabajo de búsqueda de obras de artistas hispanos contemporáneos. El proyecto les permite responsabilizarse de su trabajo y la exposición de su investigación al resto de la clase les da confianza y motivación en el uso del idioma.

1.2.4. Práctica de expresiones de gustos y valoración a partir de las obras de José Luis Santalla. Puede ampliarse la actividad con la selección de otras obras que elijan los estudiantes. Motivarles con la proyección de alguna imagen que a usted le resulte polémica les provocará de modo natural una reacción mayor.

1.3. Se han publicado libros con la obra del fotógrafo Chema Madoz, uno de los más aclamados de la actualidad y el escritor Ramón Gómez de la Serna. Si su grupo está interesado en el tema, se puede proyectar obras del artista catalán Joan Brossa con cuyas imágenes también se ha relacionado el trabajo de Madoz. Intente ejemplificar la actividad proyectando alguna foto del artista (www.chemamadoz.com) e intentando inventar con sus estudiantes una especie de greguería.

> **Ramón Gómez de la Serna** (Madrid, 1888-Buenos Aires, 1963). Literato enclavado en el más puro vanguardismo, aunque adscrito generalmente a la generación de 1914 o el Novecentismo. Su particular visión de la literatura dio lugar a un nuevo género inventado por él: las greguerías, frases breves que proponen una visión lúdica de la realidad cotidiana, que el propio autor definió como "humor + metáfora".
>
> **Chema Madoz** (Madrid, 1958) es uno de los fotógrafos más personales e innovadores de la escena española contemporánea. Sus imágenes, que retratan con frecuencia objetos manipulados por él mismo, provocan reacciones como la reflexión y el humor, sin renunciar por ello a la plasticidad y la belleza. En 1997 se convirtió en el primer fotógrafo al que el Museo Nacional Reina Sofía de Madrid dedicaba una retrospectiva individual. En el año 2000 recibió el Premio Nacional de Fotografía.

1.3.1. y **1.3.2.** Para atrapar el interés de todos los estudiantes es conveniente hacer actividades que se dirijan a los distintos estilos de aprendizaje. Organice parejas donde haya un estudiante al que le encante dibujar: el otro le ayudará con sus ideas a ilustrar la greguería que elijan. Si no son muy dados al dibujo, puede sugerir hacer algo con la técnica del *collage*. En ese caso deberá aportar revistas, tijeras y pegamento para su realización. El cartel final lo pueden colgar en la clase o en un lugar visible del centro de estudios. Asimismo, será motivador para sus estudiantes hacer una foto y colgarlo en el *Facebook* de la escuela o en algún soporte de su interés.

1.4. Juego de tres en raya para practicar expresiones coloquiales con colores. Divida la clase en dos grupos: A y B. Un grupo elige una expresión y dice el significado que cree correcto: si acierta, se marca la casilla con su letra y repite turno hasta que falla. Gana el equipo que haya conseguido tres casillas seguidas en cualquier dirección.

I.4.I. Cuestionario para practicar las expresiones que acaban de aprender. Las dos últimas preguntas en blanco sirven para que usen otras expresiones sobre el mismo campo léxico que puedan conocer (*ponerse colorado, un chiste verde, encontrar la media naranja,* etc.). La actividad se puede hacer de pie preguntando a distintos compañeros. Al final, pueden poner en común la información compartida.

I.5. En el nivel B2 se persigue que el aprendiz sea capaz de hacer una argumentación fundamentada y detallada sobre temas diversos, así como defender un punto de vista sobre temas generales indicando los pros y los contras de las distintas opciones. Por ello, el audio propuesto les dará claves sobre el proceso prototípico de la argumentación. Será suficiente con una sola escucha del mismo, tras la cual, los alumnos compararán sus resultados para corregir la actividad.

1. d; **2.** f; **3.** e; **4.** h; **5.** g; **6.** b; **7.** c; **8.** i; **9.** a.

I.5.I. y **I.5.2.** Actividad comunicativa para desarrollar la interacción oral. Se trata de una simulación que les preparará para posibles pruebas de los exámenes DELE. Para llevarla a cabo, mire la página del Instituto Cervantes con recomendaciones para preparar la prueba de expresión e interacción orales o hágalo con sus estudiantes como una actividad más de aula:

http://diplomas.cervantes.es/sites/default/files/recomendaciones_preparacion_pruebas_orales_b2intermedio.pdf

Sería muy interesante que pudieran grabar en vídeo las entrevistas para poder corregir posteriormente aspectos de lenguaje, posición, gestualidad, etc.

2 Hacemos teatro

En este epígrafe trabajaremos posturas y estados de ánimo que aparecen en las acotaciones de las obras teatrales. Al final, representarán un fragmento de una obra teatral dialogada por ellos en un contexto de aprendizaje cooperativo.

2.I. Comprensión auditiva para contextualizar el tema. La canción, emotiva y desgarrada es muy conocida en gran parte del mundo hispano. Contextualice el tema diciendo que van a escuchar una canción titulada *Puro teatro* y preguntando si creen que se trata de un canto de amor o desamor. Anime a los alumnos a leer el texto y realizar la tarea antes de escuchar el audio, que se pondrá al final como modo de corrección de la actividad.

1. escenario; **2.** drama; **3.** papel; **4.** telón; **5.** actuación.

2.I.I. Contextualice el tema del epígrafe y promueva que se complete el cuestionario propuesto para crear interés y debate sobre los gustos y opiniones de sus estudiantes acerca del teatro.

2.2. La acción de *Después de la lluvia* se sitúa en un edificio de oficinas de una gran ciudad donde los trabajadores de una empresa financiera se reúnen en la azotea de un rascacielos para fumar —algo rigurosamente prohibido—. Sus nombres no importan, y por ello son nombrados como Secretaria Rubia, Secretaria Morena, Secretaria Pelirroja y Secretaria Castaña, junto a la Directora Ejecutiva y otros cinco hombres: el Jefe Administrativo, el Programador Informático, el Mensajero Local, el Ascensorista y el Jefe de

Personal. Unos personajes corrientes, grises, solitarios y perdidos, que anhelan en sus escapadas clandestinas a la azotea huir de sus problemas cotidianos, y las aprovechan para conspirar contra sus superiores, para exteriorizar sus angustias, para ligar, para soñar, para llenar sus solitarias vidas y buscar la felicidad.

Sergi Belbel (Tarrasa, 29 de mayo de 1963), dramaturgo catalán convertido en uno de los valores jóvenes más firmes españoles. Su actividad teatral se amplía al campo de la dirección, y desde 1988 es profesor del Institut del Teatre de Barcelona. En 1996 obtuvo el Premio Nacional de Literatura en la modalidad de Literatura Dramática y en 2005 fue nombrado director del Teatre Nacional de Catalunya. Sus obras han gozado de gran éxito de crítica y público.

2.2.1. Forme dos grupos y reparta un texto a cada uno de ellos para que lo lean y completen la tarea. Corresponden a la escena XII y última de la obra de Belbel en la que la Secretaria Rubia y la Secretaria Pelirroja entran en la azotea y se encienden un cigarrillo. Permita el uso de diccionarios para una mejor comprensión de los mismos.

1. sancionar; **2.** chivato; **3.** chaval; **4.** mocoso; **5.** atragantarse; **6.** balbucear; **7.** legañas; **8.** baba; **9.** cencerro; **10.** ordinaria; **11.** desmayarte.

2.2.2. Actividad de expresión e interacción oral. Reagrupe a la clase en parejas: A y B (cada una de ellas habrá leído un fragmento distinto del texto). Deben contarse el argumento y explicarse el vocabulario nuevo que han aprendido con la lectura.

2.2.3. Comprensión auditiva donde escucharán el final de la escena. Intente que los estudiantes hagan la actividad antes de escuchar para seguir aprendiendo vocabulario. El audio servirá para corregir sus hipótesis.

1. colgada; **2.** soseras; **3.** bizco; **4.** se larga; **5.** desahogarme.

2.3. Actividad para concienciar sobre el concepto de colocación léxica y de la importancia de su aprendizaje como unidad prefabricada tratado en la unidad 4 de la Etapa 11. Reparta la transcripción del audio anterior para que busquen también en ella las expresiones. Invite a los estudiantes a explicar el significado de todas aquellas que conozcan y explique usted el resto.

Expresiones coloquiales: algo gordo está pasando; por dónde iban los tiros; no tengo un pelo de tonta; le está tomando el pelo; ser la cara un poema; acabaría como un cencerro; punto en boca; son uña y carne; nos pondrá de patitas en la calle. Colocaciones léxicas: agárrate que ahora viene lo bueno; clavar las uñas; sin pensármelo dos veces; tener manía a alguien; reponerse del susto; arrear un bofetón; la vía directa; pobre de mí; adónde iremos a parar; hacer alguna broma; tener la cara desencajada; morderse la lengua; por poco me da un colapso; (ponerse a) chillar como una histérica; morirse de miedo.

2.3.1. Actividad de refuerzo sobre colocaciones léxicas. Deje a sus estudiantes que en parejas discutan sus ideas y corrija al final, explicando las palabras que nadie conozca. Haga que se fijen también en el cambio de género.

1. clavar; **2.** agárrate que; **3.** reponerse de; **4.** dar; **5.** tener... desencajado/a; **6.** arrear; **7.** chillar; **8.** morderse.

2.3.2. Práctica de lenguaje opcional de las colocaciones léxicas presentadas en 2.3.1. Divida la clase en tríos y coloque una silla de espaldas a la pizarra en cada uno. Escriba una expresión que los estudiantes tienen que explicar por medio de mímica o definiciones al compañero sentado en ella. Haga rotar al grupo para que no sea siempre el mismo quien tenga que adivinar. Gana el equipo que consiga más puntos.

2.4. y **2.4.1.** Presentación de léxico para hablar de posturas y estados de ánimo a través de una audición. Ponga el audio al menos dos veces, pero deje que los alumnos comparen sus notas entre escucha y escucha para facilitar la comprensión total. A continuación, haga que los estudiantes se enseñen el vocabulario unos a otros recurriendo a la mímica. Explique usted aquel desconocido por todos.

1. Léxico de posturas: Se agacha; Inclinándose; Se reclina; Se tumba; Se detiene; Cruza las piernas; Encogiéndose de hombros; Poniéndose de pie; Dando la espalda; Levantando su copa; Se adelanta; Cruzando los brazos; Arrodillándose.

2. Léxico de estados de ánimo: Airado/a; Confundido/a; Asombrado/a; Vacilante; Avergonzado/a; Gimiendo; Molesto/a; Despectivo/a; Petrificado/a; Risueño/a; Cínico/a; Solemne; Tajante; Con aire satisfecho; Temeroso/a; Nostálgico/a; Pensativo/a.

2.4.2. Presentación de expresiones de modo, perífrasis verbales y verbos de cambio a través de los textos. Anime a los grupos a escuchar las instrucciones e ir actuando como les indiquen. Es una actividad para trabajar, además, la desinhibición y el trabajo en equipo. Si usted propone un ejemplo de cómo deben actuar (algo muy teatralizado), les animará más.

2.4.3. Reflexión gramatical: los alumnos observarán los modelos de lengua presentes en los textos anteriores y podrán, sin dificultad, completar el cuadro. Luego, corregirán comparando en parejas.

Expresar modo: **1.** Como os salga del alma; **2.** Según os hemos dicho; **3.** Como si estuvierais en una escena de…, Como si estuvieran molestos. Perífrasis verbales: **1.** Poneos a gritar; **2.** Echaos a llorar. Verbos de cambio: **1.** Quedaos en silencio.

2.5. Actividad de expresión escrita en la que los estudiantes tienen que dialogar y acotar los textos de 2.2.1. y del audio de 2.2.3. (reparta la transcripción del mismo si aún no lo ha hecho). Anímelos a alargar los diálogos e inventar algo más.

2.5.1. y **2.5.2.** Intercambie las versiones que acaban de escribir y haga que seleccionen una, que será la que entre todos, van a interpretar y a grabar. Después, reparta los roles entre sus estudiantes intentando respetar su gusto y elección. Deje un tiempo para que cada grupo vaya preparando su papel antes de empezar la representación. Cuando todo esté listo y ensayado comenzará la misma. Sugiera que lo graben para facilitar la posterior corrección y por si se muestran a favor de colgarlo en la Red (su *Facebook*, el de la escuela, el blog de clase, etc.).

2.5.3. Actividad de corrección de los errores cometidos durante la representación y anotados por los estudiantes con rol de lingüistas. Anime a que sean ellos los que hagan las correcciones que consideren oportunas. Solo en caso de que se requiera una aclaración a todo el grupo intervenga usted al final. Este proceso favorece la autonomía y consciencia del grupo, así como evidencia las bondades del trabajo cooperativo.

3 Escena contemporánea

Este epígrafe anima a los estudiantes a trabajar en proyectos de investigación que respetan su capacidad de decisión y contemplan sus intereses. Deberán recoger información que habrán de compartir con el resto de los estudiantes, promoviendo un contexto de aprendizaje significativo. Asimismo, aprenderán expresiones y curiosidades del teatro.

3.1. y 3.1.1. Actividad comunicativa que desarrolla la integración de destrezas. Los estudiantes han de leer información relacionada con la escena hispana, resumirla, explicarla a la clase y tomar notas de la expuesta por sus compañeros. Permita que sean ellos quienes elijan el tema sobre el que van a investigar. Rellenar el cuadro les ayuda a centrar la atención e interesarse por la información del resto de los grupos.

Si sus estudiantes muestran interés por el tema, le aconsejamos escuchar un interesante podcast de la UNED (Universidad Española a Distancia) sobre el teatro español actual:

http://www.ivoox.com/uned-teatro-espanol-actual-18-09-11-audiosmp3_rf_813950_1.html

3.2. Comprensión auditiva sobre las supersticiones del mundo teatral. Motive el audio con un juego del ahorcado con la palabra S-U-P-E-R-S-T-I-C-I-O-N-E-S y dé a continuación la tarea para que lo escuchen.

1. Decir ¡mucha mierda!; **2.** Silbar; **3.** Vestir de amarillo; **4.** Agotar los cosméticos; **5.** Mirar al público antes de la función.

3.3. Presentación de expresiones coloquiales del mundo del teatro a través de una actividad de relacionar con su significado. Deje a los estudiantes que intenten hacerlo y descubrir los significados antes de proporcionarles la solución.

1. b; **2.** j; **3.** d; **4.** a; **5.** k; **6.** f; **7.** g; **8.** i; **9.** c; **10.** e; **11.** h; **12.** l.

3.3.1. Práctica de lenguaje de las expresiones anteriores con un *Pictionary*. Gana el equipo que consiga adivinar el mayor número de expresiones correctamente dichas (insistir en la dificultad de memorizar preposiciones o artículos para que las expresiones no pierdan su fuerza comunicativa).

3.4. y 3.4.1. Presentación de fórmulas para preguntar por deseos y reflexión de las mismas. Los alumnos, de pie, se harán el cuestionario unos a otros para constatar al final si la información es verdadera o falsa. Compruebe antes de ponerles de pie que saben hacer la pregunta de forma directa. Por ejemplo: *Oye Mark, ¿te apetecería ver una obra de teatro esta semana?, ¿y a ti Keiko?* Una vez comprobada la información, incite a sus alumnos a observar las fórmulas empleadas para preguntar por deseos.

2. ¿Te hubiera gustado...?; **4.** ¿Te habría gustado...?; **6.** ¿Querrías...?

3.5. La actividad opcional que proponemos tendrá mayor interés si el grupo estudia en una ciudad de habla hispana o va a realizar pronto una visita a una de ellas. En este caso, la información que puedan recabar servirá para organizar una visita a alguno de los lugares presentados. O bien, aproveche fechas importantes para hablar de ferias de arte (en febrero, ARCO) o de festivales de teatro en verano. Recomendamos la siguiente página que les resultará de gran ayuda:

http://www.revistaiberica.com/sumarios/sumariomuseos.htm

4 Diaro de aprendizaje

Como en el resto de las unidades de esta *Etapa*, terminamos con un diario de aprendizaje que ayudará a los estudiantes a repasar, fijar y ser conscientes de todo lo aprendido, al mismo tiempo que los prepara para la realización del proyecto de la unidad 4.

Unidad 4

El proyecto

En esta unidad los estudiantes, divididos en dos equipos, crearán una unidad didáctica que será un repaso de las tres unidades anteriores vistas en esta *Etapa 12* y que utilizarán como test o examen de evaluación (epígrafe 4). Para ello, elegirán un tema de su interés (epígrafe 1), irán creando sus actividades, con los contenidos que decidan repasar y a partir de los modelos que se les ofrece a lo largo de la unidad; dichos modelos les servirán, asimismo, como repaso de los contenidos trabajados en las Etapas 10 y 11 (epígrafes 2 y 3). El alumno ha pasado el ecuador del nivel B2, por lo que consideramos de gran importancia incorporar repasos y hacer una sistematización de elementos tratados con anterioridad como parte esencial del proceso de aprendizaje. Tenemos en cuenta, en las actividades de repaso propuestas, que es muy probable que haya alumnos que no hayan estudiado con las Etapas 10 y 11 (razón por la que se hace más necesario incorporar contenidos de nivel supuestamente aprendidos).

Los objetivos pedagógicos de esta unidad son:
- Desarrollar la autonomía del estudiante.
- Hacer consciente al alumno de su aprendizaje.
- Fomentar el trabajo cooperativo.
- Desarrollar las destrezas comunicativas trabajándolas de forma integrada.
- Repasar los contenidos adquiridos en las Etapas B2.
- Evaluar lo aprendido hasta el momento en este nivel.

1 Nos preparamos

En este epígrafe se ofrecen actividades para facilitar al alumno la división en grupos a la vez que se repasan contenidos aprendidos.

1.1. y 1.1.1. Cuestionario que repasa léxico aprendido en las Etapas 10 y 11. Si algún estudiante no ha trabajado con el manual anteriormente y desconoce el léxico, aproveche para que el resto de compañeros resuelvan sus dudas. Explique a sus estudiantes los objetivos de la unidad (párrafo anterior) y aclare que van a realizar una actividad para buscar a la gente más afín de la clase y que, con los resultados obtenidos, se formarán los dos grupos que trabajarán juntos a lo largo de la unidad. Cuando lo hayan rellenado, se ponen de pie y hacen las preguntas al resto de los compañeros de la clase y al final contabilizan el grado de afinidad que tienen con cada uno y crean los grupos de trabajo.

1.2. Para ayudar a la elección de un tema para su unidad didáctica, proponemos esta actividad para que, individualmente, decidan los puntos fuertes y débiles de cada asunto propuesto. De esta forma el estudiante valora qué tema puede interesarle más. Supervise que están escribiendo correctamente y motive a los estudiantes que tengan menos ideas a completar el cuadro.

1.2.1. Una vez completado el cuadro se reúnen los grupos creados en el punto 1.1. y discuten los pros y contras de cada tema: finalmente eligen el tema que más les motive como grupo para trabajar con él. Anime a cada grupo a tomar nota de las ideas que les sugiere el tema elegido.

1.3. Deje a los estudiantes tiempo para que revisen los contenidos de las unidades anteriores de esta *Etapa 12* para completar el mapa conceptual, primero de forma individual y, después, en grupo. Anímelos a que miren sus diarios y a que negocien con los compañeros de grupo lo que les interesa repasar.

1.3.1. Entregue a cada grupo una fotocopia de la ficha 9 y pídales que, una vez hayan negociado los contenidos que les gustaría repasar, completen la parrilla. Explíqueles, si lo considera necesario, el tipo de información que deberá ir en cada casilla, ayúdese de las que aparecen en las unidades de la Etapa. Dígales que la ficha la irán completando con las actividades que van a preparar para el otro grupo.

 Ficha 9 (A, B, C y D). *El proyecto.*

2 Preferencias, intereses y curiosidades

En este epígrafe, por un lado, se repasan explícitamente la segunda condicional, los conectores concesivos y algunas estructuras para advertir y aconsejar y, por otro, se le facilita al alumno actividades para integrar el uso de otros contenidos (usos de subjuntivos, oraciones relativas, léxico y expresiones...) que ya deben estar sistematizadas en este estadio del nivel. Asimismo se ofrecen textos y ejercicios que desarrollan estrategias y destrezas comunicativas.

2.1. Práctica de lenguaje para conocer más a los compañeros y reforzar la forma de la segunda condicional. Motive la actividad contando que acaba de comprar un billete de lotería y que venía pensando qué haría si le tocara *el gordo*. Sus alumnos tienen que imaginar lo que usted haría: si aciertan en sus hipótesis, apláudales diciendo que son muy buenos psicólogos y que les conocen muy bien. Presente en ese momento la actividad para ver si conocen también a la gente de clase. Forme parejas A y B y deje tiempo individual para que cada uno piense qué haría su compañero en esas supuestas situaciones (solo en las de su columna correspondiente) y una vez marcadas las respuestas, anímelos a preguntarse para descubrir si se conocen bien o no. Recuérdeles que deben usar la forma de la segunda condicional.

2.1.1. Es el momento de que ellos creen su primera actividad para el examen que harán al otro grupo. Pídales que vuelvan a la ficha 9, que miren los contenidos de su parrilla y que elijan las estructuras que quieren repasar con este primer ejercicio. Explíqueles que deben diseñar un test siguiendo el modelo del que acaban de hacer. Circule entre los equipos y resuelva las dudas y problemas que pudiera haber.

2.2. Pida a los alumnos que hagan una lectura general del texto para contestar a la pregunta que se plantea. Inicie una interacción oral y anime a los estudiantes a que argumenten sus respuestas; esto les ayudará con las ideas que deberán desarrollar en la siguiente actividad.

2.2.1. Pida a los alumnos, ahora, que utilicen los conectores concesivos para desarrollar las ideas apuntadas en la actividad anterior. Repase con ellos las reglas y deténgase en el cuadro y en los ejemplos facilitados en el texto el tiempo que considere necesario. Si precisa de más información u otros ejemplos, puede encontrarlos en la *Etapa 11*, unidad 3.

2.3. Utilice el siguiente texto para contextualizar el repaso de las estructuras para advertir y aconsejar. Despierte el interés de los alumnos con la pregunta del titular. Pregúnteles si saben qué significa o qué puede significar la palabra *nomofobia*. Pida que lo lean y que infieran el significado de las palabras del recuadro.

Nomofobia: miedo irracional a no poder usar el teléfono móvil; Manosear: tocar repetidamente algo; Ceño fruncido: espacio que hay entre las cejas que se arruga porque se está muy concentrado o porque se está mirando algo de tamaño pequeño; Estar "mensajeable": estar disponible para recibir mensajes de móvil, correo electrónico...

2.3.1. Pida ahora a los alumnos que se detengan en las cinco opiniones o creencias que aparecen en el texto para iniciar una interacción oral. Motive la expresión pidiéndoles ejemplos y animándoles a que se involucren con sus experiencias. Explíqueles que deben tomar notas de las posturas más relevantes para usar en la actividad siguiente.

2.3.2. Recuerde las estructuras para advertir y aconsejar (Etapa 10, unidad 4), deje que lean el cuadro con los exponentes y aclare los conceptos que considere necesarios para sus alumnos. Motive la actividad y distribuya la clase en dos grupos.

2.4. Amplíe los posibles campos de interés de sus alumnos con los temas que se ofrecen en los supuestos muros de *Facebook* que se ofrecen en el libro, use también los que ellos crearon en la unidad 1 de esta Etapa. Pida una primera lectura general para que extraigan el tema de cada párrafo y lo resuman en una línea. Deje que hagan el ejercicio individualmente, pero pídales que lo compartan en parejas antes de la puesta en común. Explíqueles, que en esta primera lectura, el significado de las palabras no debería ser un problema para resumir el texto. La actividad servirá como excusa para involucrarles en la siguiente actividad.

El mercader de Venecia es una obra teatral escrita por William Shakespeare entre los años 1596 y 1598, pero no se publicó hasta 1600.

Dublinescas es una novela del escritor español Enrique Vila-Matas publicada en 2010.

La música os hará libres. Apuntes de una vida es la autobiografía del músico japonés Ryuichi Sakamoto, publicada en 2011.

2.4.1. Deje que los alumnos piensen en la respuesta antes de la puesta en común. Motive la actividad poniendo usted algunos ejemplos.

2.5. Es el momento de que ellos creen la siguiente actividad (actividad 2) para el examen que harán al otro grupo. Pídales que se junten con su grupo, vuelvan a la ficha 9 y sigan las instrucciones que se les plantea en el libro. Circule entre los equipos y resuelva las dudas y problemas que pudiera haber.

3 Concursos y pasatiempos

Este epígrafe tiene un tema lúdico, los concursos de televisión y los juegos de mesa. A través de las actividades se repasan contenidos gramaticales y léxicos de las Etapas 10 y 11. Asimismo, se ofrecen modelos de actividades para que ellos puedan crean las suyas propias.

3.1. Llame la atención de los alumnos sobre las imágenes que tienen en su libro y anímelos a que digan qué les sugieren. Si identifican alguno de los concursos o juegos, pídales que cuenten todo lo que saben sobre ellos. Esta actividad sirve para activar el conocimiento previo sobre el tema antes de pasar a la audición siguiente.

Son actividades de pasatiempo: concursos de televisión y juegos de mesa.

3.2. y **3.2.1.** El texto de la comprensión auditiva trata de concursos de televisión, tema que ya está contextualizado con la actividad anterior. Preenseñe las tres palabras que aparecen en su libro, invitándolos a que aventuren una definición trabajando en parejas. Explique que van a escuchar a seis personas hablando de su concurso favorito y que tienen que tratar de completar la tabla que hay en su libro con la información correspondiente. Realice dos escuchas y anímelos a comparar en parejas entre ambas.

	Nombre del concurso	Origen	Mecánica
1	*¿Quién quiere ser millonario?*	Reino Unido, finales de los noventa.	Un concursante tiene que responder a 15 preguntas de opción múltiple que van aumentando su dificultad. Dispone de tres comodines.
2	*El precio justo*	Estados Unidos, 1956.	Consiste en pujar por mercancías. Empiezan nueve concursantes de los que pasan seis a la siguiente fase. Finalmente se quedan solo dos que tienen que acertar el precio del premio. Gana el que más se acerca sin rebasarlo.
3	*Pasapalabra*	Gran Bretaña.	Dos concursantes realizan pruebas para conseguir segundos para la prueba final: el rosco. Tienen que acertar 25 palabras. Si consiguen más que su contrincante, ganan 1200 euros y vuelven al siguiente programa. Si aciertan las 25, ganan el bote.
4	*Un, dos, tres... responda otra vez*	España, años setenta.	Tres parejas competían para llegar a la fase final: la subasta. Para ello tenían una ronda de preguntas y una fase de pruebas físicas. Los premios podían ser muy buenos o no tener ningún valor.
5	*La ruleta de la suerte*	EE.UU.	Tres concursantes compiten por adivinar diferentes paneles que ocultan una frase. Una ruleta decide el premio que ganan si aciertan.
6	*Saber y ganar*	El programa *El tiempo es oro*.	Tres concursantes responden a preguntas de cultura general. El que queda en segundo lugar se juega todo lo ganado en una prueba de cálculo mental.

3.3. Actividad de interacción oral en parejas. Deje unos minutos a sus alumnos para que piensen en las respuestas y después agrúpelos en parejas para que las comparen. Pasee por la clase para ayudar ante posibles dudas y le sugerimos que vaya tomando nota de los errores más importantes para corregirlos al final. Haga una puesta en común en el grupo clase y pídales que observen si el porcentaje de coincidencia es alto o no.

3.4. y **3.4.1.** Esta comprensión lectora presenta a un personaje curioso que se ha hecho un profesional de los concursos. Motive la actividad invitando a sus estudiantes a que especulen sobre la veracidad del titular. Dígales que lean el texto a continuación para comprobar si sus hipótesis eran ciertas o no.

La noticia es real.

3.4.2. y **3.4.3.** El objetivo de esta tarea es repasar las estructuras para expresar necesidad y habilidad. Infórmelos de que Fernando Cerezo nos desvela en su blog y en su libro *Jugando en televisión* algunos trucos para participar en los concursos de televisión. Pídales que marquen las habilidades que creen que son necesarias para ir a esos concursos y que escriban tres frases más semejantes a las que tienen. Cuando terminen, póngalos en parejas para comparar sus opiniones. Si ve que puede dar juego, puede provocar una interacción oral en la puesta común con las explicaciones de sus alumnos sobre su elección.

> Si quiere ampliar información, puede encontrar el blog de Fernando Cerezo "Los concursos de la tele" en la siguiente dirección: http://concursostv.blogspot.com.es/

3.5. Informe a sus alumnos de que van a realizar una simulación de un *casting* para asistir al concurso *La ruleta de la suerte*. Dígales que antes van a escuchar unos consejos que da el concursante profesional Fernando Cerezo en una entrevista que le han hecho en la radio. Pida a los estudiantes que tomen nota de las recomendaciones que consideren más importantes. Para poner en común la actividad puede preguntarles si les parecen útiles. En esta secuencia se trabajan dos comprensiones auditivas con el fin de dar modelos textuales a los alumnos que luego crearán la suya propia.

3.5.1. y **3.5.2.** Actividad de juego de roles a través de la que se puede practicar el carácter, las habilidades, las aficiones, etc. Divida la clase en dos grupos asignándoles a cada uno un modelo de tarjeta diferente: director de *casting* y concursante. Pídales que preparen sus roles, y aunque pueden ayudarse entre ellos es conveniente que lo hagan de manera individual. Una vez que estén preparados, organice la clase de tal manera que queden varios pares de sillas enfrentadas para poder hacer las entrevistas. Empareje a los alumnos, un director con un concursante y anímelos a realizar la simulación de la entrevista. Cuando vea que están terminando, pida a todos los concursantes que cambien de director para hacer una nueva entrevista. Realice este cambio tantas veces como sea necesario para que pasen por todos los directores. Como puesta en común pida a los directores que elijan a un aspirante y que justifiquen su elección. Los concursantes dirán si están de acuerdo o no.

3.6. Para terminar con la muestra de actividades de esta secuencia se propone llevar a cabo la prueba final del concurso *Pasapalabra*. Se repasa el léxico que se presentó en las unidades de las Etapas anteriores del B2. Divida la clase en dos grupos: el Grupo 1 y el Grupo 2, cada uno se hará cargo del "rosco" correspondiente que tienen en su libro.

Siga los siguientes pasos:

1. Fotocopie las fichas 10A y 10B. Nombre moderador a un alumno (o si lo prefiere realice usted ese papel) y entrégueselas.

2. El moderador irá leyendo las definiciones de cada letra a los equipos. Adviértale que tiene la solución en mayúsculas, pero que no puede leerla, es solo para comprobar y que solo van a jugar con 20 de las 25 letras (no se incluyen las que tienen sombreadas en su rosco).

3. Cuando un equipo no sabe la palabra, tiene que decir "pasapalabra" para pasar el turno a sus contrincantes. Cada grupo se centrará en su rosco y tiene que poner un ✓ sobre la letra que acierten y una ✗ sobre la que fallen. Se incluye la transparencia con los roscos por si quiere seguir el resultado proyectando y marcando en la pizarra.

4. Los equipos tienen la oportunidad de hacer una segunda vuelta al rosco. Cuando hayan dado las dos vueltas, el tiempo se habrá acabado.

5. Contabilice los aciertos y, en caso de empate, tenga en cuenta los fallos para proclamar un equipo ganador.

 Ficha 10 (A y B). *Pasapalabra.*

 Transparencia 6. *Pasapalabra.*

3.7. Ha llegado el momento de que ellos creen nuevas actividades para el examen que harán al otro grupo. Pídales que se junten con su grupo y que sigan las instrucciones que se les plantea en el libro. Circule entre los equipos y resuelva las dudas y problemas que pudiera haber.

3.8. Actividad de repaso: *El juego de la oca.*

- Material necesario:
  - 1 dado por grupo.
  - 1 juego de tarjetas de ayuda para cada grupo (Ficha 11. Tarjetas de ayuda).
  - 1 ficha para cada jugador.

- Instrucciones:

  1. Crear equipos: se recomienda que no haya más de 4 o 5 personas en cada uno para fomentar el tiempo de participación de cada estudiante.

  2. Preenseñar expresiones típicas de juegos de mesa: *te toca, ¿a quién le toca?, tira el dado, ¡venga!,* etc.

  3. Empieza el número más alto.

  4. Si el alumno llega a una casilla y no puede responder, vuelve a la casilla donde estaba, si no, tiene la opción de pedir una tarjeta de ayuda.

  5. Tarjetas de ayuda: el estudiante que desee puede pedir al profesor una tarjeta de ayuda para poder responder. Usarla tiene una especie de penalización: retroceder dos casillas. Estas tarjetas permiten un repaso eficaz teniendo en cuenta además que puede que haya estudiantes que no han visto esos contenidos si no han trabajado con las Etapas 10 y 11.

  6. Casillas con dibujo de dado: los compañeros hacen una pregunta sobre cultura hispana de las unidades 10 y 11, y si responde bien, vuelve a tirar.

 Ficha 11 (A y B). *Tarjetas de ayuda.*

3.8.l. Es el momento de que los estudiantes preparen una actividad similar en la ficha del proyecto: deben ir completando las casillas con preguntas sobre estructuras y vocabulario que quieran repasar en su unidad. Reorganice la clase en los dos grupos de trabajo para su realización.

4 Nos lanzamos

En este epígrafe los alumnos se intercambiarán la unidad didáctica que han elaborado para ponerla en práctica. Decida el tiempo que quiere dedicar a este test y modifique las instrucciones de implementación que se sugieren para adaptarlos a sus necesidades, tiempo y grupo.

4.l. Pida a cada grupo la ficha 9, que han ido completando a lo largo de la unidad, y haga tantas fotocopias como estudiantes tenga. Pídales que lean los contenidos que van a necesitar recordar para realizar las actividades.

4.2. Ayude a los alumnos con las instrucciones y explíqueles que en cada actividad deben tomar nota de lo que quieren preguntar al profesor. Vaya haciendo el test por partes y acláreles que:

- la actividad 1 es individual y por escrito. Marque un tiempo para realizarla (de cinco a ocho minutos, depende del grupo que tenga).

- la actividad 2 deberán hacerla en parejas (10 minutos). Circule entre los alumnos para tomar nota de los errores que escuche y hacer en 4.3. una corrección grupal de lo que considere más relevante.

- el juego de roles de la actividad 3 deberán hacerlo en grupos: pídales que primero lean la comprensión lectora y resuelvan los ejercicios porque les servirá de contexto y motivación. Explíqueles que con la descripción que aparece sobre los roles deben preparar la situación y llevar a cabo la conversación o diálogo. Dígales que tienen 30 minutos para toda la actividad. Tome nota de los errores que escuche para hacer en 4.3. una corrección grupal de lo que considere más relevante.

- Pídales que en grupo elijan uno de los dos juegos. Marque un tiempo máximo de 20/30 minutos.

4.3. Haga la corrección de los errores o cuestiones que usted ha ido anotando y de los que le planteen los alumnos.

4.4. Termine la unidad con esta interacción oral.

Unidad 1 — Dime qué prefieres

1.1. **1.** forzosamente, tranquilamente; **2.** Afortunadamente; **3.** correctamente; **4.** lamentablemente; **5.** inevitablemente; **6.** Curiosamente; **7.** necesariamente; **8.** inteligentemente.

1.1.1. **1.** inevitablemente, necesariamente, forzosamente; **2.** lamentablemente, curiosamente, afortunadamente; **3.** inteligentemente, tranquilamente, correctamente.

1.2. **1.** rotundamente; **2.** religiosamente; **3.** desconsoladamente; **4.** terminantemente; **5.** firmemente; **6.** perdidamente; **7.** olímpicamente; **8.** puntualmente; **9.** efusivamente; **10.** celosamente.

1.3. **1.** se me pinchó; **2.** me hizo; **3.** abollé; **4.** dio un golpe.

1.4. **1.** capó; **2.** faros; **3.** matrícula; **4.** retrovisor; **5.** volante; **6.** freno.

1.5. **1.** b; **2.** a; **3.** a; **4.** b; **5.** a; **6.** b; **7.** a; **8.** b.

1.6. **1.** íbamos a incorporarnos; **2.** había preparado; **3.** estaba llegando, iba a cruzarlo.

1.6.1. **1.** a; **2.** c; **3.** b, d.

1.7. **1.** hubieras hecho; **2.** Podría; **3.** hubieran puesto; **4.** tendría; **5.** Habría podido/Hubiera podido; **6.** hubieras estado; **7.** tendrías.

1.7.1. **1.** Deberías haber hecho lo que yo te dije; **2.** No debería haber ido hablando por el móvil; **3.** No debería haber dejado de conducir hace unos años; **4.** Deberías haber visto a la mujer cruzando el paso de cebra; **5.** Deberías haber respetado el espacio de seguridad.

1.8. **1.** condicional; **2.** modal; **3.** concesivo; **4.** temporal; **5.** causal; **6.** concesivo; **7.** modal; **8.** temporal; **9.** causal; **10.** condicional.

1.9. **1.** a no ser que/a menos que; **2.** solo si; **3.** Solo si/Siempre y cuando; **4.** siempre y cuando; **5.** siempre que; **6.** A menos que/A no ser que.

1.10. **1.** sé; **2.** verbo *dar*; **3.** conjunción equivalente a *pero*; **4.** te; **5.** pronombre personal; **6.** artículo; **7.** aun; **8.** adjetivo posesivo.

1.10.1. **1.** sé; **2.** Se; **3.** de; **4.** dé; **5.** más; **6.** mas; **7.** té; **8.** Te; **9.** aún; **10.** aun; **11.** mi; **12.** mí; **13.** El; **14.** él; **15.** Tú; **16.** tu.

1.11. **1.** verdadero; **2.** falso (Su influencia es del blues, del soul y del swing); **3.** verdadero; **4.** verdadero; **5.** falso (Ha salido el cantante Dani Martín); **6.** verdadero; **7.** verdadero; **8.** falso (Es el apellido de su cantante, Eva Amaral).

Unidad 2 — ¿Cómo nos educamos?

2.1. **1.** b; **2.** d; **3.** e; **4.** c; **5.** a.

2.2. **1.** Enseñanza privada; **2.** Colegio laico; **3.** Asignatura obligatoria; **4.** Sacar malas notas /Suspender.

2.3. PROFESORADO: RECTOR, CATEDRÁTICO, JEFE DE ESTUDIOS, TUTOR.
ALUMNADO: SER BRILLANTE, SER ESTUDIOSO, SER CONFLICTIVO.

2.4. **1.** Itinerarios; **2.** PAU; **3.** ESO; **4.** Beca; **5.** Pasar lista; **6.** Máster y doctorado.

2.5. **1.** Asignatura/s que tienen que cursar todos los alumnos de un centro, independientemente de su especialidad; **2.** Centro educativo donde las clases, a excepción de Lengua castellana y Matemáticas, se imparten en una lengua extranjera (normalmente inglés); **3.** Consecuencia que sufre un alumno debido a su mal comportamiento. Normalmente supone no poder disfrutar del tiempo de descanso; **4.** Título que se obtiene después de finalizar los estudios básicos universitarios.

2.6. **1.** sacas buenas notas; **2.** me ha quedado ninguna asignatura; **3.** pasa de curso; **4.** pidió revisión de examen; **5.** graduarse.

2.7. **1. A.** Madre: *¿Qué te has creído?*, **B.** Mi madre me preguntó (que) qué me había creído; **2. A.** Adriá: *No quiero volver a intentarlo*, **B.** Adriá dijo que no quería volver a intentarlo; **3. A.** Maestro: *¡Es increíble! ¡Es increíble!*, **B.** El maestro exclamaba que era increíble lo que había pasado; **4. A.** Adriá: *Estoy harto, quiero tiempo para leer*, **B.** Adriá dijo que estaba harto y que quería tiempo para leer; **5. A.** Madre: *Tú vas a estudiar violín, cuando seas mayor decidirás lo que quieres hacer*, **B.** La madre le dijo que él iba a estudiar violín y añadió que cuando fuera mayor decidiría lo que quería hacer; **6. A.** Adriá: *Pues ya lo he decidido*, **B.** Adriá le respondió que ya lo había decidido; **7. A.** Madre: *Con trece años no tienes capacidad de decisión*, **B.** Mi madre me aseguró que con trece años no tenía capacidad de decisión; **8. A.** Adriá: *Trece años y medio*, **B.** Adriá respondió que tenía trece años y medio; **9. A.** Madre: *¿Qué te has creído? Con la cantidad de dinero que me cuestan las clases y tú haciendo el…*, **B.** Mi madre, enfadada, me volvió a preguntar (que) qué me había creído y me reprochó que las clases le costaban mucho dinero y, sin embargo, yo no las aprovechaba; **10. A.** Maestro: *Las clases no son tan caras*, **B.** El maestro se defendió diciendo que las clases no eran tan caras; **11. A.** Madre: *Usted dijo que el niño valía y va a hacérmelo violinista*, **B.** Mi madre replicó al maestro que él había dicho que yo valía y que iba a hacerme violinista.

2.7.1. Adriá se ha negado a tocar el violín en público y se ha escapado del auditorio donde tenía que actuar. El maestro no puede creerse que su alumno, que dominaba la composición, no haya querido tocarla. La madre está indignada y hablando con su hijo descubre que el chico no quiere seguir con las clases de violín. Ella no le hace caso y sigue empeñada en que su hijo sea un buen violinista.

2.8. **1.** Le aconsejó que cogiera el turno de tarde porque los profesores eran más competentes; **2.** Negó que hubiera llegado tarde a clase ese día; **3.** Le comentó que su hijo era un alumno muy conflictivo y le propuso que lo llevara a un internado. La madre le aseguró que su hijo dejaría su actitud rebelde y le pidió que no le dijera nada a su marido; **4.** La profesora acusó a Arancha de haber copiado en el examen y la castigó con una falta grave en el expediente. Ella admitió que lo había hecho, pero le rogó que no le pusiera la falta y aseguró que no volvería a hacerlo; **5.** Le reprochó que no le hubiera llevado los resúmenes que le había pedido la semana anterior y se quejó de que no podía confiar en él/ella y que por la tanto no volvería a pedirle nada. Añadió que no esperara que le llevara el CD que le había prometido.

2.9. **1.** Alfonso era marinero y Augusta, maestra de escuela; **2.** Carmen, Sol y Generosa; **3.** Les cayó bien desde el principio, le consideraban como de la familia y le ayudaron con los niños después del divorcio; **4.** Dos hijos del primer matrimonio con Carmen y dos hijos adoptivos de Sol; **5.** Era su cuñada, hermana de Sol; **6.** Familia ensamblada; **7.** Su suegro le ha dejado un chalé en herencia. Gonzalo es abogado y trabaja en un bufete.

2.10. **1.** nuera; **2.** bisabuela; **3.** familiar; **4.** tatarabuelo; **5.** riña; **6.** descendiente.

2.11. **Posibles respuestas: 1.** Te prohíbo/No te permito que salgas así a la calle; **2.** ¡Y dale! Te he dicho que no y punto; **3.** Eso no se toca, puede caerse y romperse; **4.** Eso no se hace, mira cómo lo has puesto todo; **5.** No te permito/Te prohíbo que me hables así. Si vuelves a responderme, tendremos que ir al despacho del director; **6.** No está permitido que los alumnos traigan el móvil a clase, Está prohibido/No estar permitido traer el móvil a clase.

2.12. **1. A.** Mira, **B.** ¡Anda!; **2. A.** Vaya con; **B.** Venga; **3. C.** ¡Basta ya!

Posibles respuestas: 1. Me temo que sacaremos la cerveza de todos modos. Gracias por la advertencia; **2.** Lo haré de todas formas/Intenta pararme/Pues claro que beberé; **3.** No me da la gana; **4.** Intenta pararme/Lo haré de todas formas/Pues claro que me

Unidad 3 El siglo xx a escena

3.1. **1.** verdoso; **2.** rojizo; **3.** plateado; **4.** blancuzco; **5.** dorado; **6.** azulado; **7.** rosado/rosáceo; **8.** negruzco; **9.** anaranjado; **10.** pajizo; **11.** amarillento; **12.** grisáceo.

3.2. **1.** g; **2.** d; **3.** e; **4.** a; **5.** i; **6.** b; **7.** j; **8.** f; **9.** c; **10.** h.

3.3. **1.** negativo; **2.** negativo; **3.** positivo; **4.** positivo; **5.** negativo; **6.** positivo; **7.** negativo; **8.** negativo.

3.4. **1.** puso verde; **2.** estoy sin blanca; **3.** me ha dado luz verde; **4.** me he quedado en blanco; **5.** me pongo morada; **6.** está como una rosa; **7.** las pasé moradas; **8.** tiene la negra; **9.** es un marrón.

3.5. Respuesta libre.

3.6. **1.** a; **2.** b; **3.** c; **4.** b; **5.** c; **6.** a; **7.** c; **8.** c.

3.7. **1.** c; **2.** a; **3.** a; **4.** c; **5.** a; **6.** c; **7.** a; **8.** c.

3.8. **1.** hubiera pasado/pasara; **2.** he explicado; **3.** quieras; **4.** me conociera; **5.** pone; **6.** te he dicho; **7.** pueda; **8.** me escucharas; **9.** estuviera.

3.9. **1.** me puse a llorar; **2.** me pondré a trabajar; **3.** se echó a correr; **4.** me puse a ver; **5.** se echó a reír; **6.** se echó a llorar; **7.** me pondré a estudiar; **8.** ponerme a trabajar; **9.** se echó a llorar; **10.** me puse a temblar.

3.10. **1.** se quedaron callados/en silencio; **2.** se había quedado calvo; **3.** me quedé, cojo; **4.** se quedó tranquila; **5.** se ha quedado ciega/sorda.

3.11. **1.** a; **2.** c; **3.** c; **4.** b; **5.** a; **6.** c; **7.** b; **8.** c.

Unidad 4 El proyecto

4.1. **1.** b; **2.** a.

4.1.1. **1.** c; **2.** b; **3.** c; **4.** a; **5.** b.

4.2. **1.** b. mantengan; **2.** d. utilizáramos; **3.** e. acercarnos; **4.** a. pueden; **5.** c. hablar.

4.3. **1.** b. le; **2.** a. para; **3.** b. eres; **4.** b. para; **5.** c. de; **6.** a. dan; **7.** b. eres; **8.** c. se.

4.4. **1.** en antena; **2.** acumulan; **3.** adivinada; **4.** ganados; **5.** se enfrentan; **6.** pistas; **7.** oponente; **8.** atípicas; **9.** acertar; **10.** bote; **11.** empataran.

4.5. **1.** pidiera, supieras, podría, se lo prestarías, se lo prestarías, pondrías, dirías; **2.** tuvieras, te pondrías, te sentirías, importaría; **3.** invitara, te enfadarías, le darías, hablarías, preguntarías; **4.** regalara, pensarías, le darías, comprarías; **5.** ofreciera, aceptarías, te fiarías, cogerías; aceptarías, se la pagarías.

4.6. **Respuesta libre.**

4.7. **1.** pienses, te guste; **2.** hagas; **3.** ir, vayamos; **4.** cenáramos; **5.** es; **6.** vuelva; **7.** tengan, escriban; **8.** te quemes; **9.** te enfades; **10.** pudiera; **11.** es; **12.** se pusiera.

4.8. **1.** imperfecto de subjuntivo; **2.** costar un riñón; **3.** a; **4.** b; **5.** bombilla; **6.** dar; **7.** a; **8.** modesto/a; **9.** erradicar; **10.** enchufe; **11.** quejas; **12.** tener un sueño espantoso/terrible; **13.** falso; **14.** criticón; **15.** presente de subjuntivo; **16.** parque de atracciones; **17.** hablar mucho; **18.** hígado; **19.** adelgazar; **20.** obligación o necesidad; **21.** sustancia amarillenta y dulce que producen las abejas; **22.** verdadero; **23.** costar; **24.** te sintieras.

Etapa 12

I UNIDAD 1. Dime qué prefieres

[1]

Radio 5. Todo noticias.

► ¿Cuál es el medio de transporte que más impactos provoca, que resulta más caro, y el que más energía consume? Vemos las conclusiones a las que han llegado Ecologistas en acción en un estudio sobre el tema.

► El coche es el medio que más energía de tracción consume: cuatro veces más que el autobús para el mismo número de viajeros. Se sitúa así como principal foco emisor, y principal responsable de la contaminación del aire en las ciudades.

► El modo de transporte que más espacio ocupa, por el tiempo que permanece estacionado y por la mayor cantidad de espacio que necesita para circular, es el coche privado. El espacio que necesita un viaje diario medio del hogar al trabajo en coche es 90 veces mayor que si el mismo viaje se efectúa en metro y 20 veces más que en autobús o tranvía, y los 60 coches que se utilizan para transportar a 75 personas equivalen a un autobús.

► Los accidentes de tráfico constituyen la práctica totalidad de los accidentes debidos al transporte, y de estos el automóvil, proporcionalmente, es el medio que más muertos y heridos arroja sobre la población. En el Estado español los accidentes de tráfico constituyen en la actualidad la quinta causa más frecuente de muerte, solo por detrás de las enfermedades cardiovasculares, las neoplásicas, las respiratorias y las digestivas.

► El automóvil con sus elevados requerimientos de espacio y sus bajas tasas de ocupación se sitúa como el principal responsable de las congestiones urbanas, los conocidos atascos.

► La forma actual de moverse en muchas ciudades donde el automóvil privado tiene un protagonismo excesivo es la causa del excesivo ruido que aturde las ciudades: el 80% del ruido urbano es debido al tráfico rodado. De hecho el tranvía genera 46 veces menos ruido que los coches y los autobuses 11 veces menos que el número de automóviles equivalente.

[2]

Conductor del Corsa.

► Yo había llevado a una amiga a hacer unos recados porque tiene un esguince y va con muletas. Así es que, es verdad, que estaba aparcado en doble fila, pero iba a ser un momento... Justo cuando íbamos a salir, oí un ruido terrible. Un Escort había chocado contra un camión.

Conductor del Mini.

► No me salté el stop, yo había parado, pero un coche estaba aparcado en doble fila y no me dejaba ver nada, así es que salí lentamente y justo cuando estaba llegando a la mitad de la calle para girar, un Escort pasaba a toda velocidad, al verme dio un frenazo y giró bruscamente. Entonces chocó contra un camión.

Conductor del Escort.

► Iba para casa, me había entretenido con los compañeros del trabajo tomando unas cañas y llegaba tarde. Así es que, es cierto, que iba un poco deprisa, pero ya había llegado al cruce cuando de repente apareció un Mini en medio de la calle y enfrente de mí. Así es que frené y di un volantazo, pude esquivar el coche pero choqué con un camión.

Conductor del camión.

▷ Acababa de descargar la mercancía y tenía ganas de llegar a casa, pero yo iba por mi carril cuando de pronto vi un Escort que venía hacia mí. Intenté frenar pero los frenos no funcionaron...

2 UNIDAD 2. ¿Cómo nos educamos?

[3]

Moderadora: Buenos días a todos, nuestro tema de hoy son las conclusiones del informe "Abuelos y abuelas… para todo". Para comentarlas nos acompañan Tomás Cabrero, abuelo de cinco nietos, Fátima Muñoz, madre trabajadora de un niño de dos años y Eusebio Mejías, coordinador del informe. Bienvenidos a todos.

Tomás, Fátima y Eusebio: Gracias.

Moderadora: Para empezar, señor Mejías, ¿nos puede hacer usted un pequeño resumen de los sentimientos de los abuelos que arroja el informe?

Eusebio: Bueno… se ha hecho una encuesta a nuestros mayores y vemos que un setenta por ciento de ellos cuida o ha cuidado alguna vez de sus nietos. Una cuarta parte de los abuelos pasan más de siete horas diarias con sus nietos, desde el momento en que pasan tanto tiempo con ellos ya no se puede afirmar que no tengan la responsabilidad de educar. Esto hace que se sientan desbordados y angustiados.

Tomás: Sí, lleva usted razón, pero a nosotros nos gusta disfrutar de nuestros nietos, que quede constancia de ello. Lo que pasa es que estamos atados, yo tengo cinco nietos y cuando no tengo que cuidar de uno, me toca de otro, así que mi mujer y yo no podemos hacer planes para nuestro tiempo libre.

Fátima: Yo le entiendo, pero si mi pareja y yo trabajamos y no podemos recogerlo del colegio, ¿qué hacemos? Es el gobierno el que tendría que obligar a las empresas a facilitar la conciliación de la vida familiar y laboral, pero no hace nada. Las empresas cada vez exigen más de sus trabajadores y apenas tienes flexibilidad para faltar un día que tu hijo se pone enfermo y, ¿qué haces?

Tomás: Claro, si hay que ayudar en lo que se puede, repito que a mí me encanta estar con mis nietos, pero cuando se sobrepasa el límite y ya no solo tengo que recoger a mi nieto del colegio o cuidarlo un día que se pone enfermo y se me exige que me encargue de su alimentación, de su aseo, de sus juegos… ¡Uf! me da miedo interferir en la educación que le están dando sus padres.

Eusebio: Eso mismo se refleja en el informe, encima de que educan a sus nietos, puede ocurrir que los padres les digan que no lo hacen bien. Por eso se sienten incómodos y explotados. Los abuelos deben reivindicar su derecho a ser eso, abuelos, y no cuidadores.

Fátima: Es verdad lo que dice, alguna vez me he enfadado con mi madre porque le consiente a mi hijo cosas que yo no le consentiría, creo que es un poco egoísta pedir tanto de los abuelos. A mí me gustaría tener una situación económica más holgada que no me llevara a estos problemas, pero si pago a una canguro, se me va más de la mitad de mi sueldo. Sin embargo, tengo compañeras con situaciones mucho mejores que la mía que no necesitan de los abuelos. En esos casos, los abuelos se sienten abandonados y desearían ver más a sus nietos. Como decía el señor Eusebio, los abuelos no quieren ser cuidadores, ahí es donde está el problema. Yo intento acudir a mis padres solo lo estrictamente necesario.

Tomás: Mira, mi sentimiento es que hemos cuidado de nuestros hijos, ahora lo hacemos de nuestros nietos, pero en el futuro, ¿quién cuidará de nosotros? Por favor, no os olvidéis de vuestros padres.

Moderadora: Pues con el llamamiento de nuestro abuelo Tomás cerramos el coloquio de hoy. Muchas gracias por su atención.

[4] 1. ¿Sabes por qué no funciona la tableta? Pues es que el otro día se me cayó al suelo y se dio un golpe muy grande. Lo siento, fue sin querer.

2. ¡Ay! Es que siempre tengo que resolverlo yo todo.

3. En cuanto viene Berta, desaparecen todos los bolígrafos, estoy seguro de que se los lleva ella.

4. Mira, lo que tienes que hacer es decir la verdad y dejarte de rodeos.

5. ¿Puedes explicarme cómo se hace este ejercicio? Es que no entiendo nada…

6. No, no, yo no sé nada, no estuve en esa fiesta.

Etapa 12

7. ¡Uf! Ya sé que es la tercera vez que lo digo, pero hace mucho calor aquí, ¿no se puede bajar la calefacción?

8. Oye, ¿por qué no nos vamos este fin de semana a Cáceres? Dicen que es muy bonito.

9. Por favor, de verdad, no hagas más ruido, me duele mucho la cabeza.

10. Y te voy a decir una cosa más, sin los abuelos la mitad de las parejas con hijos pequeños tendrían serias dificultades para trabajar.

3 UNIDAD 3. El siglo XX a escena

[5] 1. Rosáceo, grisáceo, verdoso, negruzco, blancuzco, blanquecino, rojizo, pajizo, plateado, dorado, rosado.

2. Azulado, amarillento, anaranjado.

3. Gris perla, verde pistacho, verde botella, verde manzana, azul cielo, azul marino, azul turquesa, azul eléctrico, amarillo limón, amarillo canario, rosa chicle, rosa palo, rojo chillón.

[6] Se ha dicho que la formación artística no es una asignatura imprescindible en la Enseñanza Secundaria.

El arte estimula la capacidad de aprendizaje, dado que a través de este se trabajan habilidades diferentes a las de tipo lógico sobre las cuales está basada la educación tradicional. Se ha acumulado evidencia acerca de que el arte ayuda al aprendizaje en áreas específicas tales como lectura, escritura y creatividad.

No olvidemos que el pensamiento creativo se desarrolla a través de las artes, y en caso de ser estimulado a temprana edad, permanece durante largo tiempo en el individuo y puede ser aplicado a diferentes ámbitos de la vida.

Para empezar, las artes pueden tener también un impacto poderoso en los ambientes educativos, convirtiendo el aula en un entorno estimulante, y llegar a estudiantes que no son estimulados a través de otros métodos. Asimismo, es capaz de conectar a los estudiantes con ellos mismos y los demás, e incluso constituye un desafío y fuente de motivación para aquellos estudiantes que ya son destacados.

Un estudio del Departamento Federal de Educación de Estados Unidos ha constatado que las artes ayudan a desarrollar habilidades específicas. El dibujo ayuda a la escritura, las canciones y la poesía ayudan a la memorización y los movimientos creativos ayudan a entender otras culturas, sus historias, símbolos, mitos, valores y creencias.

Es evidente que no se puede afirmar que la integración del arte en nuestras escuelas lleve al éxito seguro, no cabe pensar sino en tantos artistas que han sufrido fracaso escolar.

Por otra parte, se puede observar que el poco valor que muchos sistemas escolares dan a la educación artística se transmite a la sociedad, por lo que muchas veces, los alumnos interesados en el arte son menospreciados por sus compañeros, lo que puede hacer que se pierdan futuros genios de esta disciplina.

El arte como asignatura es fundamental, aunque habrá que convencer a la sociedad de su utilidad.

En resumen, el aprendizaje ocurrido en contextos donde se desarrollan actividades artísticas genera experiencias significativas que cargan de interés el contenido de lo aprendido. Si se da más valor al arte dentro del sistema escolar, los resultados tendrán implicaciones para este y para la vida fuera de la escuela.

[7] Igual que en un escenario finges tu dolor barato,
tu drama no es necesario, ya conozco ese teatro.
Mintiendo, ¡qué bien te queda el papel!,

después de todo parece que esa es tu forma de ser.
Yo confiaba ciegamente en la fiebre de tus besos,
mentiste serenamente y el telón cayó por eso.
Teatro, lo tuyo es puro teatro,
falsedad bien ensayada, estudiado simulacro.
Fue tu mejor actuación destrozar mi corazón
y hoy que me lloras de veras,
recuerdo tu simulacro
perdona que no te crea, me parece que es teatro.

[8]

Secretaria rubia: ¡Poner a una filósofa de Gran Jefe Adjunto, una colgada, ay, adónde iremos a parar, he pensado, yo calladita, punto en boca, claro, sin decirle nada a la morena, claro, que apuesto lo que sea a que mañana mismo será nombrada Jefa de Selección de Personal por la vía directa, que todo el mundo sabe que esas dos se defienden la una a la otra y son carne y uña y van juntas a todas partes; ay, ahora sí que estás lista, he pensado, ay, pobre de mí y de mi amiga (eso de amiga va por ti, cariño, va por ti) con la manía que nos tiene la filósofa, ay, que nos pondrá de patitas en la calle, etcétera etcétera, y al ir a mi despacho a reponerme del susto, me encuentro al Informático, al guapo, al soseras, con la cara desencajada, sucio, maloliente, la mirada desviada, bizco vaya, ¡ay ay ay ay ay otro que se ha vuelto loco!, yo, entonces, para animar la cosa y hacer alguna bromita que en estos casos siempre queda bien y desdramatiza la cosa, le digo, pero, ¿dónde va con esa pinta, con esa cara?, parece que venga de un entierro; y él va y me arrea un bofetón tan fuerte, tan espantoso, que me he mordido la lengua y mira, nena, mira qué ampolla me ha salido en la punta; y después se larga gritando como un histérico… Y luego me entero de que su mujer ha sido asesinada… Entonces me acuerdo de lo que me dijiste el otro día y me da un ataque a mí y me pongo a chillar histérica como una cerda y he ido a buscarte para decirte: nena, necesito hablar contigo y desahogarme, y esto es lo que quería decirte: me parece que es verdad lo que me dijiste y me muero de miedo.

Secretaria pelirroja: ¿Qué dije?
Secretaria rubia: ¡Que se acerca un cataclismo!

[9]

Airado, confundido, asombrada, vacilante, se agacha, avergonzado, gimiendo, molesta, despectivo, inclinándose, se reclina, petrificado, risueño, se tumba, cínico, se detiene, cruza las piernas, encogiéndose de hombros, poniéndose de pie, dando la espalda, solemne, levantando su copa, se adelanta, cruzando los brazos, arrodillándose, tajante, con aire satisfecho, temerosa, nostálgico, pensativa.

[10]

DESEAR SUERTE. No hay artista que acepte que le deseen buena suerte antes de una función. Paradójicamente, prefieren que se les diga: ¡mucha mierda! El origen de ello se remonta a la época en la que la gente iba a caballo a las representaciones. El ver excrementos de este animal en la puerta era sinónimo de éxito.

SILBAR. Los actores piensan que silbar mientras se cruza el escenario puede provocar a los malos espíritus. También consideran un mal presagio que alguien les llame por el nombre del personaje fuera de escena.

VESTIR DE AMARILLO. Desde que Molière muriera tras representar *El enfermo imaginario* vestido de amarillo, los actores jamás utilizan este color.

AGOTAR LOS COSMÉTICOS. Que durante la sesión de maquillaje previa a la función se agoten los cosméticos, es señal de una desgracia segura. Quizá por ello los camerinos están siempre repletos de cajas de maquillaje a medio usar.

MIRAR AL PÚBLICO. Para evitar la mala suerte antes de la función, los actores observan el patio de butacas a través de una mirilla abierta en el centro del telón.

Etapa 12

4 UNIDAD 4. El proyecto

[11] 1. Sin duda, mi concurso favorito es *¿Quién quiere ser millonario?* Este programa se originó a finales de los noventa en el Reino Unido con la versión en inglés titulada *Who wants to be a millonaire?* A partir de ahí se ha emitido en más de cien países, entre ellos la India, donde se filmó la famosa película *Slumdog Millionaire* cuyo protagonista era un concursante de ese espacio televisivo. Me gusta participar desde mi casa, medir mis conocimientos a través de las preguntas que hacen. ¡Uf! ¡Cómo me gustaría ir a la tele! Pero, claro, veo que nunca llegó a acertar ni la mitad... Mira, hay un único concursante que debe responder a 15 preguntas de las que tiene cuatro posibles respuestas, el nivel de dificultad va creciendo y dispone de tres comodines para utilizar. El premio es una cantidad de dinero que puede llegar a un millón de euros.

2. Cuando era más joven me gustaba mucho un concurso que se llamaba *El precio justo*, en España fue muy famoso en los noventa. Me acuerdo que se hizo muy popular la frase "¡A jugar!". acompañada de un gesto con el brazo que hacía su presentador. Este programa era una versión del original estadounidense *The price is right* que se creó en 1956. Me fascinaba la capacidad de la gente para calcular el valor de los productos, porque en eso consistía el concurso. Había tres fases, la primera con nueve concursantes, la segunda con seis y finalmente el "escaparate final" con solo dos. Los concursantes competían por ganar dinero pujando por el precio de algunos productos. Al final para conseguir el último premio de gran valor: un coche, una casa, un viaje... es imprescindible acertar su valor, gana el concursante que más se aproxima sin pasarse del precio.

3. Mi concurso favorito es *Pasapalabra*, no me lo pierdo ningún día, especialmente la parte final. ¿Lo conoces? Su formato está basado en el original británico *The Alphabet Game*. Colombia y Argentina tienen sus propias versiones. En España es el concurso que ha entregado el premio más alto de toda la historia de la televisión, más de dos millones de euros, ¡guau! En cada programa el premio son mil doscientos euros y la posibilidad de volver. Hay dos concursantes que hacen varias pruebas, ayudados por dos famosos, para acumular segundos para "el rosco", que es la prueba final. Hay un círculo con 25 letras y los concursantes tienen que adivinar palabras con esas letras a través de su definición. Si las aciertan todas ganan además el bote, que se va haciendo con seis mil euros por cada día que no se lo llevan. Creo que es difícil hacer el rosco entero porque muy pocas personas lo consiguen.

4. Cuando oigo la palabra concurso me viene a la cabeza *Un, dos, tres... responda otra vez*. La primera vez que se emitió en España yo era pequeña, tenía que ser la década de los setenta. Recuerdo que era los viernes y que como no había tele en todas las casas, nos reuníamos varias familias para verlo. Este programa nació en Televisión Española, pero luego tuvo diferentes versiones en otros países. Lo novedoso es que combinaba diferentes tipos de pruebas. En una primera parte había tres parejas que tenían que responder a preguntas que tenían relación con lo cultural. Después había pruebas de habilidades físicas y finalmente una pareja tenía la opción de pasar a lo que se llamaba la subasta para ganar un premio, que según su suerte podía ser un coche o solo una figura de la mascota del programa, una calabaza llamada *Ruperta*. En esta última parte se potenció el espectáculo con números musicales y humorísticos. Era un concurso para toda la familia, de esos que ya no se hacen...

5. ¿Sabes que una vez participé en un concurso de la tele? Yo tenía unos once años y en *La ruleta de la suerte* grabaron un especial para Navidad de hermanos gemelos. Fui con mi hermana y ganamos algunos premios. Aunque solo sea por esta experiencia, creo que este es mi concurso preferido. Los concursantes tienen que adivinar las frases que se ocultan tras un panel diciendo consonantes y comprando vocales si han acumulado suficiente dinero para ello. En este concurso hay una enorme ruleta que hacen girar los tres contrincantes, la suerte decide lo que van a ganar en caso de decir una consonante correcta. Hay un bote, que es una posibilidad en la ruleta, si el concursante cae en este espacio y acierta en su turno, se lo lleva. Fue el primer programa de entretenimiento de una televisión privada en España, allá en el año 1990. Su origen está en Estados Unidos con el programa *Wheel of Fortune*.

6. A mí me van más los concursos culturales, veo siempre que puedo *Saber y ganar*. Es uno de los concursos más veteranos en la televisión española. Su antecesor fue otro concurso de hace más de veinte años que se llamaba *El tiempo es oro*. Cada día compiten tres concursantes que

deben responder correctamente a preguntas de cultura general en diversas pruebas. Una de las pruebas más difíciles es para el concursante clasificado en segundo lugar, consiste en realizar varias operaciones de cálculo mental en un tiempo reducido. Si es capaz de hacerlo, puede conservar el dinero que ha ganado durante el concurso, si no, lo perderá todo.

[12]

Locutor: Buenos días, saludamos a Fernando Cerezo, si no concursante profesional, casi casi.

Fernando: Hola, buenos días.

Locutor: Fernando, tú tienes mucha experiencia en concursos de televisión, ¿podrías darnos algunos consejos para concursar?

Fernando: Bueno, la verdad es que cada concurso tiene sus peculiaridades, pero creo que hay un denominador común para poder llegar al casting: la simpatía.

Locutor: ¿Para todos los concursos en los que has participado o en algunos más?

Fernando: Quizá es especialmente importante para *La ruleta de la suerte*. La productora busca gente extrovertida, que no se corte ante las cámaras.

Locutor: Pues, dinos, ¿qué consejos le darías a ese oyente que está pensando en ir a concursar a *La ruleta de la suerte*?

Fernando: Que en la entrevista del casting se muestre abierto, agradable, que responda a todas las preguntas y procure crear un ambiente distendido donde las bromas tengan cabida.

Locutor: ¡Ah! ¡Qué interesante! ¿Y para concursar?

Fernando: No tan deprisa, todo necesita su preparación. Antes de ir, practica tu habilidad para identificar palabras viendo el programa y poniéndote en la piel de uno de los concursantes. Es importante que sigas el papel de solo uno para desarrollar tu capacidad de trazar estrategias. También es bueno practicar con crucigramas y el juego del ahorcado todo lo que puedas, desarrollará tu agilidad mental y tendrás más soltura el día del programa.

Locutor: ¡Perfecto! ¿Y en el programa?

Fernando: Una vez en el concurso, empieza por tratar de adivinar las palabras cortas y decir las consonantes que crees que contienen. Compra vocales, que te ayudará mucho.

Locutor: Muchas gracias, Fernando, por los consejos. Seguro que hay muchos oyentes que han estado tomando nota.

Fernando: ¡Ah! Y un último consejo: ¡disfruta todo lo que puedas!

Etapa 12

1 Unidad 1. Dime qué prefieres

[13]

► Hola, buenas tardes, estamos en directo con Miguel Ventura, crítico musical de reconocido prestigio. Hoy nos va a deleitar con toda su sabiduría. Buenas tardes, Miguel.

► Buenas tardes, encantado de estar con vosotros.

► Me gustaría que nos hablaras de alguno de los grupos más importantes de los últimos tiempos en España.

► Muy bien, pues si quieres empezamos por uno de mis preferidos, *Fito y los fitipaldis*, ya me gustaban cuando eran *Platero y tú*, recuerdo que uno de mis mejores conciertos fue uno de ellos. Su influencia del *blues*, del *soul*, incluso del *swing* hace que esta banda tenga una variedad de ritmos increíbles.

► A mí también me gustan, pero yo el concierto que recuerdo con más cariño fue el de los donostiarras *La oreja de Van Gogh* junto con *Amaral* en el 2008.

► Sí, a ese concierto también fui yo, fue el año en el que Amaya Montero dejó el grupo e inició su nueva carrera. Y recuerdo perfectamente el solo de Eva Amaral, creo que una de las mejores vocalistas del panorama actual.

► Hablando de escisiones de grupos, ¿qué te parece lo nuevo de Dani Martín?

► Me encanta. Reconozco que ya lo seguía en *El canto del Loco* y no me ha defraudado nada, espero que venda un millón de copias como hizo con su antiguo grupo, le deseo mucha suerte.

► Y para terminar, háblanos del grupo que está con nosotros en directo.

► Qué te voy a decir de ellos, todavía recuerdo el día en el que me entregaron su maqueta, creo que les acompaña la buena suerte de haber nacido con el cambio de milenio y …

► Perdona que te interrumpa, muchas gracias, pero estas son las cosas del directo, así que muchas gracias por haber venido y a todos los oyentes les dejamos con el *Sueño de Morfeo*. Hasta mañana.

2 Unidad 2. ¿Cómo nos educamos?

[14]

► ¡Hola! Seguimos con nuestro concurso "Háblanos de tu familia y gana un viaje a Tenerife". Ya estamos en la recta final, y nos quedan pocos concursantes. Hoy tenemos en el contestador la historia de Gonzalo. Recordad, queridos oyentes, que tenéis que escuchar y después votar por Gonzalo. El máximo son cinco puntos y el mínimo, uno. Bien, ¿estamos preparados? Pues, empezamos.

► ¡Hola!, buenas tardes a todos. Soy Gonzalo Sánchez y aunque tengo un apellido muy normal, mi familia no lo es tanto. Me remontaré un poco a mis ancestros. Mi padre, Alfonso, era marinero y se casó muy joven, a los dieciocho años, con su vecina del pueblo, Sofía. Los dos nacieron en Moguer, un pueblo de Andalucía. Mi padre siguió la tradición familiar y conservó el nombre de mi abuelo y también su profesión. Mi abuela Augusta fue una de las pocas mujeres que trabajaban en aquella época, fue maestra de escuela.

Con dieciocho años me vine a Madrid a estudiar Derecho y en la universidad conocí a Carmen, una chica muy guapa y muy divertida. Nos casamos al poco de licenciarnos, pero después de tener dos hijos, las responsabilidades nos fueron alejando como pareja y decidimos divorciarnos. Los niños se vinieron a vivir conmigo por lo que pedí reducción de jornada en el bufete y a cambio me comprometí a trabajar desde casa. Lo cierto es que mis suegros me ayudaron mucho con los niños. La verdad es que les caí bien desde el principio, incluso desde antes de casarme con su hija me consideraban como de la familia. Dos años después del divorcio, conocí a otra mujer muy culta y responsable, Sol, que también tenía dos hijos. Fue un flechazo y rápidamente empezamos a convivir y como los niños se llevaban bien, nos casamos. Pero a los pocos meses se fue apagando la pasión y decidimos seguir cada uno por su camino. Los hijos de Sol decidieron quedarse conmigo y yo los adopté y sobreviví con mi familia numerosa gracias a la ayuda de mi cuñada Generosa, que venía todos los días a echarme una mano. En poco tiempo me di cuenta de que la hermana de Sol era la mujer de mi vida, ella también se enamoró de mí y nos casamos. Ahora vivimos felizmente en un estupendo chalé que heredamos de mi actual suegro. El legado que nos dejó en su testamento nos ha salvado de vivir hacinados. Bueno, y esto es todo, espero la máxima puntuación.

3 Unidad 3. El siglo xx a escena
. . . .

[15]

1.
► Estoy un poco enfadada con Diana.
► ¿Y eso? ¿Qué te ha hecho?
► Pues que estábamos en una fiesta y desapareció sin avisar.
► Y, ¿te dejó allí sola?
► Pues sí, hijo, y ni me ha llamado para disculparse ni nada.

2.
► Pero, ¿qué pasa aquí? ¿A qué viene este ruido? ¿Tenéis qué hablar así de alto? ¡No hay quién se concentre!

3.
► ¡Guau! ¿A dónde vas tan elegante?
► ¿Te parece? Muchas gracias, pues mira, es que voy a una fiesta de una amiga en un sitio muy *chic*.

4.
► ¡Ay! Cómo me duele la cabeza, no sé si voy a poder ir a trabajar.
► Anda, anda, no finjas tanto. Tómate una aspirina y ya verás como se te pasa.

5.
► ¡Es increíble! ¡No doy crédito! Resulta que era todo una mentira, pensada y elaborada, ¡eres un sinvergüenza!

6.
► ¿Te has enterado de que ha dimitido el director de la empresa?
► Sí, sí, pobre hombre, siempre me ha parecido que lo han manejado los jefazos y que él, en realidad, nunca ha tomado ninguna decisión.

7.
► ¿Has visto a Cecilia? ¡Qué pintas lleva!
► Sí, la verdad es que con el dinero que tiene no sé cómo tiene tan mal gusto para vestir.

8.
► ¡Qué cantidad de tonterías dices! Es que nunca hablas en serio.
► A veces, pero prefiero tomarme la vida con sentido del humor.

4 Unidad 4. El proyecto
. . . .

[16]

► ¡Hola! Buenos días. Una mañana más estamos con vosotros, queridos oyentes, para daros consejos sobre los temas que os preocupan. Esta semana, a petición vuestra, vamos a abordar el problema de los teléfonos móviles y sus efectos en la salud. Para hablarnos y aconsejarnos hemos invitado a nuestro programa al doctor e investigador Arturo Amat. Muy buenos días, Arturo, estamos encantados de poder tenerte aquí en nuestro programa.

► Buenos días a ti, Marisa, y a todos los radioyentes. Para mí, es un placer venir a la radio para

Etapa 12

compartir mis investigaciones.

► Bien, pues parece que el tema de los móviles y la salud es algo que preocupa a los ciudadanos, porque se habla mucho, pero no sabemos hasta qué punto es cierto o es una leyenda urbana.

► Bueno, lo cierto es que cada vez son más los estudios que están investigando los efectos de los campos electromagnéticos y las radiaciones de los móviles en la salud humana. Y aunque los operadores españoles dicen que están dentro de los límites establecidos, siempre conviene ser un poco precavido y no abusar del móvil. Si queremos prevenir sufrimientos a largo plazo, lo mejor es seguir una serie de recomendaciones de uso. En primer lugar, me gustaría advertir que, después de marcar el número, nunca mantengan el teléfono muy pegado al oído porque este es el momento en el que se emiten las emisiones de mayor potencia. Obviamente lo mejor sería no hablar más de una o dos horas al día. Pero entiendo que esto dependerá del trabajo de cada uno.

► Pues sí, esto es difícil, pero todo es cuestión de plantear una serie de prioridades.

► Por supuesto, no olvidemos que lo que está en juego es nuestra salud. Y otra cosa muy importante: ojo con acercarnos al teléfono cuando llamemos desde un lugar donde haya poca cobertura porque se producirá una emisión de potencia muy alta para encontrar la señal receptora.

► ¡Qué curioso! No lo sabía, fíjate es justo lo contrario a lo que solemos hacer, yo por lo menos.

► Sí, tú y casi todos, pero para eso estamos los investigadores. Por supuesto que lo recomendable sería que utilizáramos, en la medida de lo posible, el "manos libres", así mantendríamos el teléfono separado de la cabeza y del cuerpo. Y ya para terminar, mucho cuidado con los niños y el amor que les tienen a los móviles. No deberían usarlos hasta los catorce años, porque puede causarles problemas en el sistema nervioso e inmunológico.

► Pues muchas gracias por tus consejos, Arturo, y esperamos que nos acompañes en más ocasiones.

► Cuando queráis, ha sido un placer.

Etapa 12

Proyectos

Fichas y transparencias

Dime qué eliges y te diré cómo eres

GRUPO A. Dime qué color de coche tienes y te diré cómo conduces.

El rojo es, necesariamente, un color emparejado a la velocidad y a la juventud. El negro, curiosamente, es el color de las personas extrovertidas, y está asociado con la innovación y el diseño; les gusta la conducción elegante y suave. Quienes escogen autos color anaranjado o café tienden a ser gente práctica y conducen inteligentemente. Si la carrocería está pintada en azul, su comportamiento en las calles, es como el de su vida en general: correctamente. Los que eligen el color amarillo, conducen, lamentablemente, con violencia y agresividad. Los coches blancos responden a personas pacíficas, simples, y, forzosamente, se comportan de esa manera en la carretera. Por último, el color gris está asociado con la austeridad, lo convencional y las ganas de pasar desapercibido, así es que, afortunadamente para el tráfico, son personas que conducen tranquilamente.

GRUPO B. Dime qué estilo de música escuchas y te diré qué personalidad tienes.

En Psicología, conocer el tipo de música que con mayor frecuencia escucha una persona ayuda a saber un poco más sobre la manera en la que esta se relaciona con los demás, sus preferencias, incluso la forma en que quizás va a reaccionar.

La música clasificada como reflexiva y compleja (clásica, *jazz*, *blues*, *folk*) agrada a individuos inteligentes, progresistas y no muy dados a las actividades atléticas y deportivas.

La música rebelde e intensa (alternativa, *rock*, *heavy metal*) gusta a otro grupo, abierto a nuevas experiencias, asumen riesgos con gusto y son físicamente activos.

La música optimista y convencional: el pop, la música religiosa, el *country* y las bandas sonoras son del gusto de individuos alegres, extrovertidos, responsables y dispuestos de buen grado a ayudar a los demás. Según el estudio, estas personas se consideran físicamente atractivas y son relativamente convencionales.

La música enérgica y rítmica (*rap/hip-hop*, *soul/funk*, electrónica/*dance*) es la favorita de personas desenvueltas, parlanchinas, llenas de energía, comprensivas, y que evitan posiciones e ideas conservadoras.

GRUPO C. Dime qué red social usas y te diré qué buscas en Internet.

No todas las redes sociales sirven para lo mismo, ni todas las personas que utilizan las redes sociales tienen el mismo perfil. Por lo que yo sé, *Facebook* es la red social por excelencia para encontrar amigos de la infancia o simplemente para conocer gente nueva con la que se comparten vivencias y fotos, mas está siendo muy utilizada por las empresas como plataforma para que dé a conocer sus artículos y pueda mantener comunicación directa con su audiencia o sus seguidores. *Tuenti* es muy similar, pero dirigida a un público más adolescente. Si buscas trabajo, o buscas la persona adecuada para cubrir un puesto, te deberás dar de alta en *LinkedIn*. Para mí, es una de las redes más profesionales y es una de las más utilizadas en el mundo laboral.

En *Twitter* el funcionamiento es totalmente diferente al resto de redes sociales. Los usuarios comentan información o lo que quieran compartir con el resto en tan solo 140 caracteres. Su funcionamiento es muy sencillo, y tú podrás hacerte seguidor de aquellas personas o usuarios que comenten cosas relacionadas con tus gustos, preferencias o quizás información que pueda ser de tu interés. Con un funcionamiento muy parecido está también *Plurk*, aún muy nueva en España.

MySpace es una red social de tipo blog que puedes personalizarla, subir tus fotos o vídeos y mantener contacto con tus amigos. Es de las más utilizadas por cantantes de todo el mundo para dar a conocer su música, poder mantener contacto con sus seguidores o compartir aun sus vivencias con ellos. Su perfil de usuario se sitúa en personas jóvenes de entre 18 a 30 años que buscan seguir las últimas noticias o vídeos de sus artistas favoritos.

Por otro lado, si eres un amante de la fotografía deberás darte de alta en *Flickr*. Tiene una utilización muy sencilla y en ella sus usuarios suben sus creaciones fotográficas o comentan las de otros. Mas si lo que quieres es compartir tus vídeos o buscarlos, *YouTube* o *Vimeo* son tus redes sociales; esta última aún no tan conocida. En ella encontrarás vídeos de todo tipo y para todos los gustos.

Quién es quién

1. Es un cantante y compositor de *rock* retirado, uno de los pioneros de este género en España.

2. La estética tenía una importancia fundamental, la apariencia andrógina de ella, su forma de bailar, el hecho de que cantara las letras en masculino, el *look* de los hermanos Cano, etc. generaron un fenómeno sociológico increíble.

3. Ha sido considerado como un hito en la historia de la música pop española. Tras la disolución del grupo, sus tres miembros comenzaron carreras en solitario.

4. A lo largo de los últimos años su estilo ha variado desde el *rock and roll* más primigenio al sinfónico o, en los últimos años, el jazz con *big band* o el *blues*.

5. Los inicios de la cantante dentro del mundo de la música comenzaron en el *fanzine* "Bazofia".

6. El primer *single* de Los Pegamoides se tituló *Horror en el Hipermercado* y apareció en 1980.

7. En una conferencia de prensa para presentar los dos conciertos que ofrecerá en Madrid como parte de su gira *Bye, bye Ríos: Rock hasta el final*, hizo una defensa del papel del *rock* como elemento de modernidad y de reflejo de la sociedad a la que pertenece.

8. Icono gay en España y activista por los derechos de los animales con *Anima Naturalis*.

Quién es quién

9. Fue conocido como el *Rey del Twist*.

10. El *look* de la banda está inspirado en el *dark wave* inglés de aquellos años tras un viaje a Londres que algunos de los integrantes realizaron en aquel momento.

11. Sus letras sencillas, la dulzura con las que la cantante las relataba, hicieron de este un grupo sin precedente.

12. Alcanzó su mayor éxito en 1970, cuando su canción el "Himno de la alegría" (adaptación del cuarto movimiento de la novena sinfonía de Beethoven) vendió millones de discos en todo el mundo.

13. Su álbum más vendido ha sido *Rock and Ríos*, un doble directo editado en 1982.

14. En 1977, formó su primera banda de género *punk* donde ella era guitarrista. Su éxito fue con los Pegamoides y ya como vocalista.

15. Este grupo de música pop español tiene en su haber varios récords. Fue el primer trío hispano liderado por una mujer y el primer grupo que grabó un *videoclip* en España.

16. Participó en el primer largometraje de Pedro Almodóvar: *Pepi, Luci, Bom y otras chicas del montón*.

UNIDAD 2 - Ficha 3A

Examen

PRIMERA PREGUNTA. COLEGIOS.

- Un centro educativo donde las clases, a excepción de Lengua castellana y Matemáticas, se imparten en una lengua extranjera (normalmente inglés) es un centro (1) b_____.

- Los colegios pueden ser (2) p_____ o (3) p_____, dependiendo de si son del Estado o no.

- Algunos colegios que no son del Estado están dirigidos por curas o monjas, son colegios (4) r_____. Ningún colegio del Estado muestra una ideología religiosa, son (5) l_____.

- Cada profesor comprueba todos los días si todos sus alumnos están en clase, lo hace leyendo sus nombres, está acción es (6) p_____ l_____.

- Si un alumno tiene un mal comportamiento, sufrirá una consecuencia, por ejemplo tendrá que quedarse tiempo extra en el centro, no podrá disfrutar de su descanso, etc. Se dice que ese alumno en ese momento (7) e_____ c_____.

- Los alumnos disponen de unos treinta minutos libres a mitad de la mañana, esa acción es (8) s_____ al r_____.

PUNTUACIÓN: .... / 8

SEGUNDA PREGUNTA. PERSONAS.

- Si el conjunto de los profesores es el profesorado, el conjunto de los alumnos será el (9) a_____.

- **Tipos de profesor:** el profesor responsable de un grupo que coordina su proceso de evaluación es un (10) t_____. Un profesor que coordina las actividades de profesores y alumnos y elabora los horarios de todo el profesorado es un (11) j_____ de e_____. El profesor que tiene la categoría más alta en centros oficiales de Enseñanza Secundaria o universitaria es un (12) c_____. La persona que gobierna una universidad es un (13) r_____.

- **Tipos de alumno:** si tiene una capacidad intelectual extraordinaria y destaca entre todos los demás, es un alumno (14) b_____. Si dedica muchas horas al estudio y hace todas sus tareas es un alumno (15) e_____. Si busca problemas y se enfrenta a sus profesores y compañeros es un alumno (16) c_____.

PUNTUACIÓN: .... / 8

✂

TERCERA PREGUNTA. MATERIAS Y ESTUDIOS.

- **Tipos de asignaturas:** si todos los alumnos del centro, independientemente de su especialidad, tienen que cursarla, es una asignatura (17) c_____. Dentro de un itinerario o especialidad hay asignaturas (18) o_____ u (19) o_____, dependiendo de si el alumno puede elegir o no cursarlas.

- Los estudios básicos en la universidad es un (20) g_____. Después se pueden realizar estudios de posgrado, que pueden ser (21) m_____ o (22) d_____. Estos tres ciclos se evalúan a través de la consecución de (23) c_____, que en general equivalen a 10 horas lectivas cada uno.

- Recuerda el nombre de cuatro asignaturas del colegio: (24) _____, (25) _____, (26) _____ y (27) _____.

PUNTUACIÓN: .... / 11

✂

CUARTA PREGUNTA. ACCIONES.

Relaciona los verbos de la columna izquierda con los elementos de la columna derecha. Hay más de una opción.

1. Solicitar/conceder/obtener
2. Recibir/tomar/dar
3. Sacar
4. Quedarle
5. Pasar
6. Pedir
7. Graduarse/licenciarse/doctorarse
8. Ser diplomado/licenciado/graduado/ máster/doctor

- a. clases de (Música/Matemáticas...).
- b. de curso.
- c. buenas o malas notas/un sobresaliente/ un 8 en (Inglés/Física).
- d. en un estudio universitario.
- e. revisión de examen.
- f. en Ciencias Ambientales.
- g. una asignatura.
- h. una beca.

PUNTUACIÓN: .... / 8

Sistema educativo

Universitaria	Voluntario	Tres
Obligatoria	Seis	Cuatro
Dieciséis	Gratuita	Dos
Bachillerato	Itinerarios	Universidad
Escuela infantil	Colegio	Instituto

Esquema del sistema educativo español

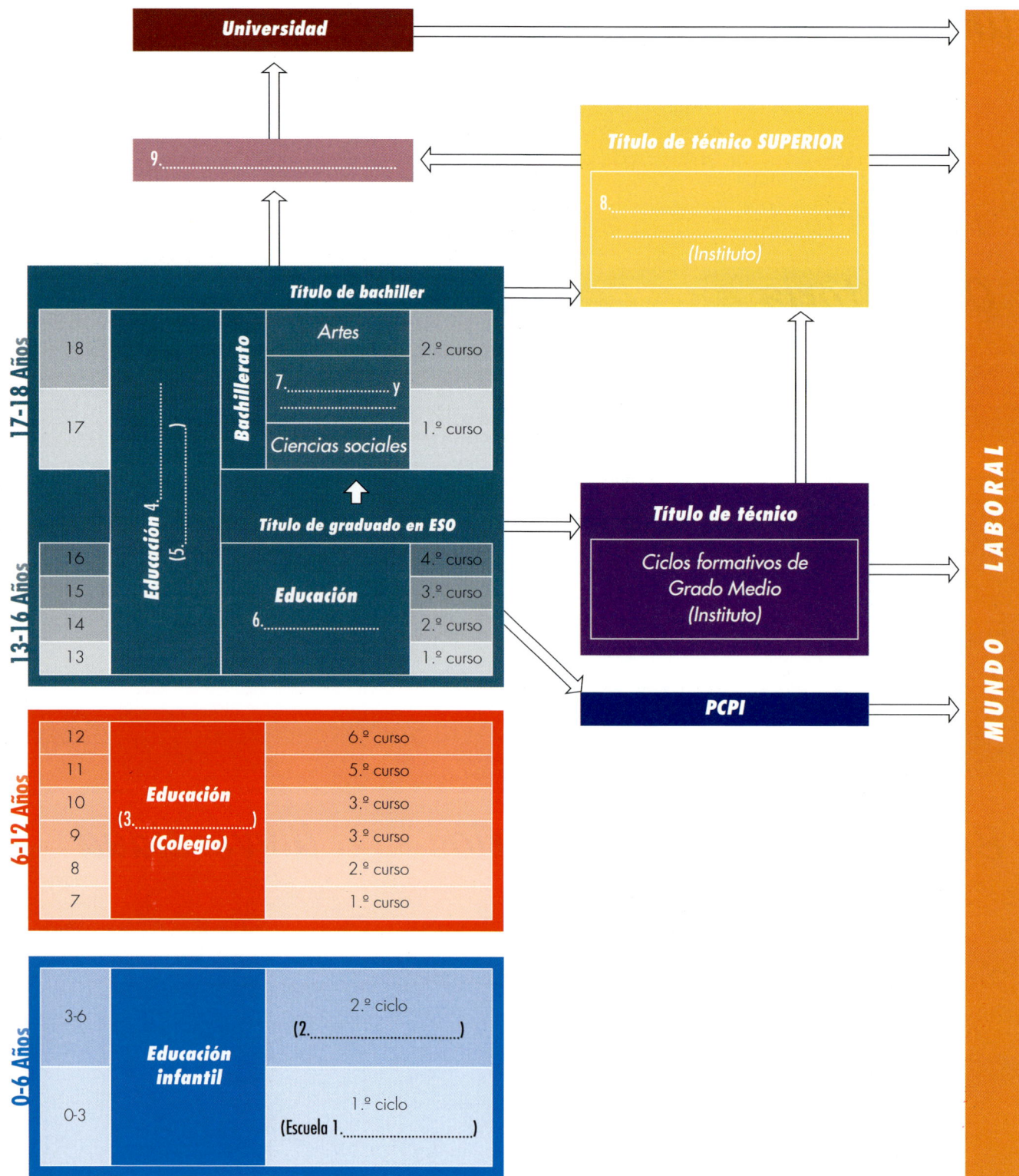

El estilo indirecto

A. EL ESTILO INDIRECTO

Verbos y marcas introductorias

El verbo más utilizado para introducir un discurso indirecto es *decir*. Sin embargo, existen otras posibilidades:

- Ausencia de verbo introductorio: *que* + **oración**.
  - – *¿Qué te dijo?*
  - – *Que estaba muy bien, que te dijera que le gusta mucho ese lugar…*

- Cuando se trata de reproducir una oración interrogativa el verbo más frecuente es *preguntar*.
  - a) Interrogativas totales (se responden con *sí* o *no*): *preguntó (que) si* + **oración**.
    - – *Nos preguntó (que) si habíamos entendido el estilo indirecto.*
  - b) Interrogativas parciales (no se pueden responder con *sí* o *no*): *preguntó (que)* + **partícula interrogativa** + **oración**.
    - – *Me preguntó (que) cuándo empezaban las vacaciones.*

  En los dos casos *que* es optativo.

Como el verbo *decir* es el que tiene el significado más general, puede usarse con diferentes funciones:

- Como verbo de lengua o comunicación sirve para transmitir una información y va con **indicativo**.
  - – *Les dijo que el periodo de inscripción ya había comenzado.*

  o sirve para reproducir una pregunta, en este caso es obligatorio utilizar *si* para diferenciarlo del uso anterior:
  - – *Andrea dice que si puede ayudarte a hacer los deberes* (pregunta).
  - – *Andrea dice que puede ayudarte a hacer los deberes* (información).

- Como verbo de influencia sirve para transmitir órdenes, peticiones, ruegos, etc. y va con **subjuntivo**.
  - – *Me dijo que estudiara más para el próximo examen.*

B. EL ESTILO INDIRECTO

Correlación de marcas (I): marcas personales, espaciales y temporales

Cuando se reproducen las palabras de otra persona hay que adaptarlas al contexto del hablante, ya que el discurso indirecto se estructura en torno a él. Los cambios se pueden producir en marcas:

- **de persona:** los pronombres personales y posesivos se adaptan a la perspectiva del hablante.
  - – *"Había gente de tu clase en el museo, pero no te he visto".*
  - – *Le dijo que había gente de su clase en el museo, pero que no lo había visto.*

- **de lugar:** cambian los adverbios de lugar, los demostrativos (*este, ese, aquel*) y los verbos de movimiento si el contexto espacial es diferente.
  - – *"Traed todos los exámenes aquí".*
  - – *Nos dijo que lleváramos todos los exámenes allí.*

- **de tiempo:** cuando el contexto temporal es diferente, los cambios se producen en los referentes temporales.
  - – *"Empezamos hoy la PAU y mañana tenemos que volver".*
  - – *Dijo que ese día empezaban la PAU y que tenían que volver al día siguiente.*

El estilo indirecto

C. EL ESTILO INDIRECTO

Correlación de marcas (II): marcas en los tiempos verbales y nivel de compromiso

Los tiempos verbales también se adaptan al entorno del hablante dependiendo del contexto temporal:

- Presente / pretérito imperfecto ➡ Pretérito imperfecto
- Pretérito perfecto / pretérito indefinido / pretérito pluscuamperfecto ➡ Pretérito pluscuamperfecto
- Futuro ➡ Condicional
- Imperativo ➡ Pretérito imperfecto de subjuntivo

Aunque es frecuente que estos cambios se produzcan o no en función del nivel de compromiso que el hablante adquiere con lo dicho.

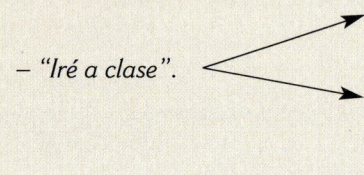

– *"Iré a clase"*.

- *Dijo que iría a clase* (el hablante solo transmite la información de manera neutra. La acción de *ir* puede ser todavía futura o pasada).
- *Dijo que irá a clase* (el hablante asume la responsabilidad de la información. La acción de *ir* todavía es futura).

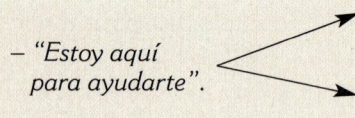

– *"Estoy aquí para ayudarte"*.

- *Dijo que estaba allí para ayudarme* (el hablante hace una traslación neutra. La acción de *estar* puede ser todavía actual o no).
- *Dijo que está allí para ayudarme* (el hablante se compromete con lo dicho, lo asume. La acción de *estar* todavía es actual).

UNIDAD 2 - Ficha 7

¿Qué dijo?

1. ¿Sabes por qué no funciona la tableta? Pues es que el otro día se me cayó al suelo y se dio un golpe muy grande. Lo siento, fue sin querer.

2. ¡Ay! Es que siempre tengo que resolverlo yo todo.

3. En cuanto viene Berta, desaparecen todos los bolígrafos, estoy seguro de que se los lleva ella.

4. Mira, lo que tienes que hacer es decir la verdad y dejarte de rodeos.

5. ¿Puedes explicarme cómo se hace este ejercicio? Es que no entiendo nada…

6. No, no, yo no sé nada, no estuve en esa fiesta.

7. ¡Uf! Ya sé que es la tercera vez que lo digo, pero hace mucho calor aquí, ¿no se puede bajar la calefacción?

8. Oye, ¿por qué no nos vamos este fin de semana a Cáceres? Dicen que es muy bonito.

9. Por favor, de verdad, no hagas más ruido, me duele mucho la cabeza.

10. Y te voy a decir una cosa más, sin los abuelos la mitad de las parejas con hijos pequeños tendrían serias dificultades para trabajar.

Artistas españoles e hispanos del siglo xx

Antoni Tàpies (Barcelona, 1923- 2012)

En su obra más característica dentro del informalismo matérico, Tàpies emplea técnicas que mezclan los pigmentos tradicionales del arte con materiales como arena, ropa, paja, etc., con predominio del *collage* y el ensamblaje y una textura cercana al bajorrelieve.

Tàpies define su técnica como "mixta": pinta sobre tela, en formatos medios, en posición horizontal, disponiendo una capa homogénea de pintura monocromática, sobre la que aplica la "mixtura", mezcla de polvo de mármol triturado, aglutinante, pigmento y óleo, aplicado con espátula o con sus propias manos.

Cuando está casi seco hace un raspado con tela de arpillera, aplicada sobre la superficie, y cuando está adherida la arranca, creando una estructura de relieve, con zonas rasgadas o arañadas que contrastan con los cúmulos y densidades matéricas de otras zonas del cuadro. A continuación, hace un nuevo *grattage* (raspado) con diversos útiles (punzón, cuchillo, tijeras, pincel). Por último, añade signos (cruces, lunas, asteriscos, letras, números, etc.), en composiciones que recuerdan el grafiti, así como manchas, aplicadas mediante *dripping* (goteo).

No añade elementos de fijación, por lo que las obras se degradan rápidamente –la mixtura es bastante efímera–; sin embargo, Tàpies defiende la descomposición, como pérdida de la idea de la eternidad del arte, le gusta que sus obras reflejen la sensación del paso del tiempo. A ello contribuye también sus propias huellas en la obra, las incisiones que practica, que para él son un reflejo de la naturaleza.

Manuel Álvarez Bravo (Ciudad de México, 1902- 2002)

Álvarez Bravo fue el primer fotógrafo mexicano en adoptar una postura militante de anti-pintoresquismo y antiestereotipo. Recibió reconocimiento internacional por su obra que llegó a la cumbre de su creatividad entre los años veinte y cincuenta, periodo en el cual desarrolló una compleja manera de representar a su país. Siempre ha nadado a contracorriente de los clichés establecidos, utilizando la ironía visual para contradecir lo que aparentemente decía al principio, para invitar así a quien le mira con la tarea de interpretarle.

Se puede apreciar una táctica similar en *Señor de Papantla* (1934), en la cual un indígena está parado frente a la cámara aunque no la mira, con la espalda contra la pared. Aquí, como en la imagen del niño, los elementos presentes en la foto parecerían volverla pintoresca: ropa blanca de campesinos, pies descalzos, pared de adobe, además del sombrero y la bolsa de palma. Sin embargo, una vez que ha despertado nuestra anticipación de lo exótico, Álvarez Bravo va a contracorriente con un arte que rechaza lo fácil. El indígena no se digna mirar a la cámara. Muchas veces se piensa que captar a la gente que mira a la cámara es la estrategia estética más efectiva para representarla de una manera más activa. Pero aquí, Álvarez Bravo da otra vuelta a la tuerca al presentarnos a un indígena quien, al apartar la mirada, parece decir despectivamente, "Puede sacar todas las fotos que quiera, forastero. ¿A quién le importa lo que usted haga?".

http://tierra.free-people.net/artes/fotografia-manuel-alvarez-bravo.php

Artistas españoles e hispanos del siglo xx

Juan Genovés (Valencia, 1930)

Su obra más conocida probablemente sea *El Abrazo* 1976 (pintura perteneciente a la colección del Museo Reina Sofía, Madrid), reproducida en cartel para Amnistía Internacional, que se hizo muy popular durante la transición española, y que más tarde se convertiría en la escultura *El Abrazo*, homenaje a los abogados muertos en Atocha.

En los años setenta, Genovés comenzó a desarrollar dos temáticas: el "individuo solo" y la "multitud", trabajando con tintas planas y estructuras plásticas. Muchos cuadros representan vistas de pájaro de escenas donde no hay ni edificios, ni carreteras, ni árboles, ni ninguna pista que nos refiera a un paisaje común, creando así una intensa dinámica de ansiedad y desubicación. El dinámico uso que hace Genovés de la línea y la perspectiva, en concordancia con un ojo muy preciso para la modulación y uso del color, está fuertemente casado con la convicción del artista de que el arte debería estar socialmente comprometido, así como agradar emocionalmente, e incluso físicamente.

Isabel Muñoz (Barcelona, 1951)

Sus fotografías, casi siempre en blanco y negro, son un estudio humano mostrando partes del cuerpo, imágenes de guerreros, toreros o bailarinas, usando un proceso minucioso y artesanal de revelado: todas las fotografías son contactos de gran formato, realizados por la artista directamente del negativo, utilizando el antiguo proceso del platino. En este proceso, la artista debe prepararse ella misma el papel aplicándole, como si de pintura se tratase, una solución de platino. Más tarde los negativos, que deben tener el mismo tamaño que la fotografía final, se ponen en contacto directo con el papel preparado, para ser expuestos a la luz bajo una gran prensa de contactos. Una vez terminado este proceso, las imágenes son reveladas y lavadas a mano en grandes bandejas.

Miquel Barceló (Mallorca, 1957)

Sus enormes lienzos figurativos de finales de los años setenta con temas de animales de marcado expresionismo reciben la influencia de Joan Miró, el *action painting* (pintura de acción), Jackson Pollock, Antoni Tàpies, el arte conceptual y el *art brut*.

Entre las características de su obra hay que destacar la inspiración en la naturaleza, consiguiendo relieve a través del uso de unos empastes densos y generalmente oscuros. El Mediterráneo y África han sido dos de sus más importantes referentes. El descubrimiento de África en un viaje a Mali ha hecho que sus gentes y la vida del desierto sea uno de los temas más desarrollados en su obra en los últimos años, siempre reflejando una gran preocupación por la naturaleza, el paso del tiempo y los orígenes.

En la última época ha evolucionado hacia referentes más intelectuales y abstractos. En marzo de 2007 la catedral de Mallorca ha inaugurado la capilla elaborada por él en arcilla. Consta de dos mundos: los frutos del mar y los frutos de la tierra. En mayo de 2007 también comienza los trabajos de decoración de la Cúpula de la sala XX del Palacio de Naciones Unidas en Ginebra.

Artistas españoles e hispanos del siglo xx

Jaume Plensa (Barcelona, 1955)

En una primera etapa, su obra refleja el interés por cuestiones relacionadas con el volumen, el espacio y la tensión. En 1983-1984 empieza a moldear el hierro con la técnica de la fundición y desarrolla un concepto escultórico de formas zoomórficas utilizando cortes y dobleces. En 1986 empezó a trabajar con hierro fundido, y luego utilizó cristal, resina, luces y sonidos. En su obra casi todo empieza y acaba en una letra. Libros, frases, palabras y letras son universos dotados de sentido que el artista ha explotado a conciencia. Desde 1996 se ha dedicado también a crear elementos y decorados para montajes de ópera y teatro, principalmente en colaboración con la compañía La Fura dels Baus. También se destaca como dibujante y grabador.

La utilización de variados materiales en sus obras, como resina de poliéster, acero, hierro, agua, cristal o nylon, no se debe a la exigencia marcada por estos soportes, sino a la necesidad de alcanzar diferentes modulaciones para la idea y conseguir así una forma espacial diferenciada para cada una de ellas.

La literatura constituye una de las principales fuentes creativas de su trabajo, tal y como se puede apreciar en *Song of Songs* o *Three Graces*. Del mismo modo, el silencio y la luz son aspectos integrantes y fundamentales en sus piezas.

Alberto García-Alix (León, 1956)

Destacan sus retratos en blanco y negro, con series dedicadas a las motos, los presos, las estrellas del porno, los yonquis y los tatuajes. Amante de las motocicletas y de los retratos, sus cámaras han inmortalizado a importantes artistas nacionales e internacionales. Las motos, los tatuajes, la música y la noche han sido algunas de sus musas de inspiración.

Dentro de su notable gusto por el retrato, que él define como un enfrentamiento en el que suele colocarse "frontamentalmente" frente a su modelo, cara a cara, fue uno de los protagonistas más destacados de la llamada *Movida madrileña*, habiendo dejado conocidas y poderosas imágenes sobre jóvenes de este movimiento cultural –algunos de los cuales se encuentran entre sus amigos– que posteriormente se han convertido en personalidades de prestigio en diferentes campos: Pedro Almodóvar, Rossy de Palma, Emma Suárez, Camarón de la Isla y otros muchos.

También son habituales sus retratos de desnudos directos y violentamente carentes de todo pudor, incluso sobreactuados, pero de una fuerza expresiva y una eficacia gráfica y fotográfica incuestionables.

Si bien se ha dedicado durante toda su carrera a la fotografía, claramente reconocible y enmarcable en el área del blanco y negro y el campo del documento social y personal, desde sus largas estancias en Francia y China de los años 2007 y 2008, ha hecho una sorprendente incursión en el vídeo para documentar sus imágenes acompañadas de su voz y sus propios textos. Un buen ejemplo de esto es el vídeo que se pudo ver como otra obra más durante su exposición *De donde no se vuelve* (2008) en el Museo Reina Sofía de Madrid.

Artistas españoles e hispanos del siglo xx

Francisco Leiro Lois (Cambados, Pontevedra, 1957)

De familia de artesanos, se inicia en el oficio de la mano de su padre, cantero. Conoce la madera y el hierro al mismo tiempo que el granito del país. No sabe de academias, rigores dibujísticos, divinas proporciones. ¿Para qué, si lo suyo es arrancarle formas a una viga desechada tras el derribo de una vieja casa? Pinta, con expresión infantil, ideaciones imposibles, manchas sugerentes. Juega con el color y la forma. Se inspira en el arte popular de su medio y se convierte en un fenómeno internacional.

Todas las materias son válidas para sus formas, aunque sin duda es la madera, los viejos y añosos troncos de roble y castaños de Galicia, donde mejor se expresa. Para Leiro vale la expresión atribuida a Miguel Ángel de que escultura es quitarle al bloque lo que le sobra. A hachazos, a cuchilladas, trabaja la materia, para darnos su peculiar visión trágica o irónica de la vida. Mutilaciones, rostros de ahogado grito desgarrador, humanidades ciclópeas, ideaciones y conceptos humanizados están presentes en su obra.

http://www.coleccioncaixanova.com/autores_225_leiro.html

Susana Solano (Barcelona, 1946)

En sus primeras obras se observa una clara influencia de Brancusi. En 1984-1985 comienza a utilizar técnicas de forjado industrial para su serie "Colinas huecas" en hierro y plomo. Después ha ido realizando obras en otras dimensiones: estructuras formales cerradas en recintos arquitectónicos, jaulas abiertas minimalistas... Utiliza materiales como el hierro y el mimbre para expresar sus sugerencias, sensaciones y recuerdos.

Sus esculturas son una muestra que declara el estatuto ambiguo que caracteriza buena parte de la escultura actual, la cual no es ya esculpida, ni tallada, ni cincelada, ni modelada, ni fundida..., sino "fabricada" con materiales y procedimientos del repertorio industrial, que brindan al escultor un universo cambiante de sugestiones conceptuales e intuitivas, de nuevas experiencias físicas o sensoriales y de inéditas potencialidades expresivas o de lenguaje.

Con todo ello, Susana Solano contribuye a diseñar esa suerte de "nuevo espacio escultórico espiritual, que –en palabras de Jean Rudel– trasciende el peso de los materiales y define los volúmenes escultóricos desafiando las leyes de la masa". Todo ello se logra, en el proceder de Solano, cambiando de material y de procedimiento constructivo; o sea, dejando el hierro y el acero inoxidable por el aluminio, y adoptando el sencillo sistema del *collage* –elegante agregado de planchas superpuestas y atornilladas–, en lugar de la anterior técnica del ensamblaje y la soldadura.

El proyecto

Grupo: [ ]   Componentes: ....

Título:

Contenidos funcionales	Contenidos lingüísticos

Contenidos léxicos	Contenidos culturales

I Cuestionario

1. ....
2. ....
3. ....
4. ....
5. ....
6. ....
7. ....
8. ....

El proyecto

2 Textos y frases

Texto:

1. ....
2. ....
3. ....
4. ....
5. ....
6. ....
7. ....
8. ....
9. ....
10. ....

3 Comprensión lectora y juego de roles

Texto:

Descripción del juego de roles:

El proyecto

4 Pasapalabra

- Con la **A**: .... ➡ [ ]
- Con la **B**: .... ➡ [ ]
- Con la **C**: .... ➡ [ ]
- Con la **D**: .... ➡ [ ]
- Con la **E**: .... ➡ [ ]
- Con la **F**: .... ➡ [ ]
- Con la **G**: .... ➡ [ ]
- Con la **H**: .... ➡ [ ]
- Con la **I**: .... ➡ [ ]
- Con la **J**: .... ➡ [ ]
- Con la **L**: .... ➡ [ ]
- Con la **M**: .... ➡ [ ]
- Con la **N**: .... ➡ [ ]
- Contiene la **Ñ**: .... ➡ [ ]
- Con la **O**: .... ➡ [ ]
- Con la **P**: .... ➡ [ ]
- Contiene la **Q**: .... ➡ [ ]
- Con la **R**: .... ➡ [ ]
- Con la **S**: .... ➡ [ ]
- Con la **T**: .... ➡ [ ]
- Con la **U**: .... ➡ [ ]
- Con la **V**: .... ➡ [ ]
- Contiene la **X**: .... ➡ [ ]
- Contiene la **Y**: .... ➡ [ ]
- Con la **Z**: .... ➡ [ ]

El proyecto

5 El juego de la oca

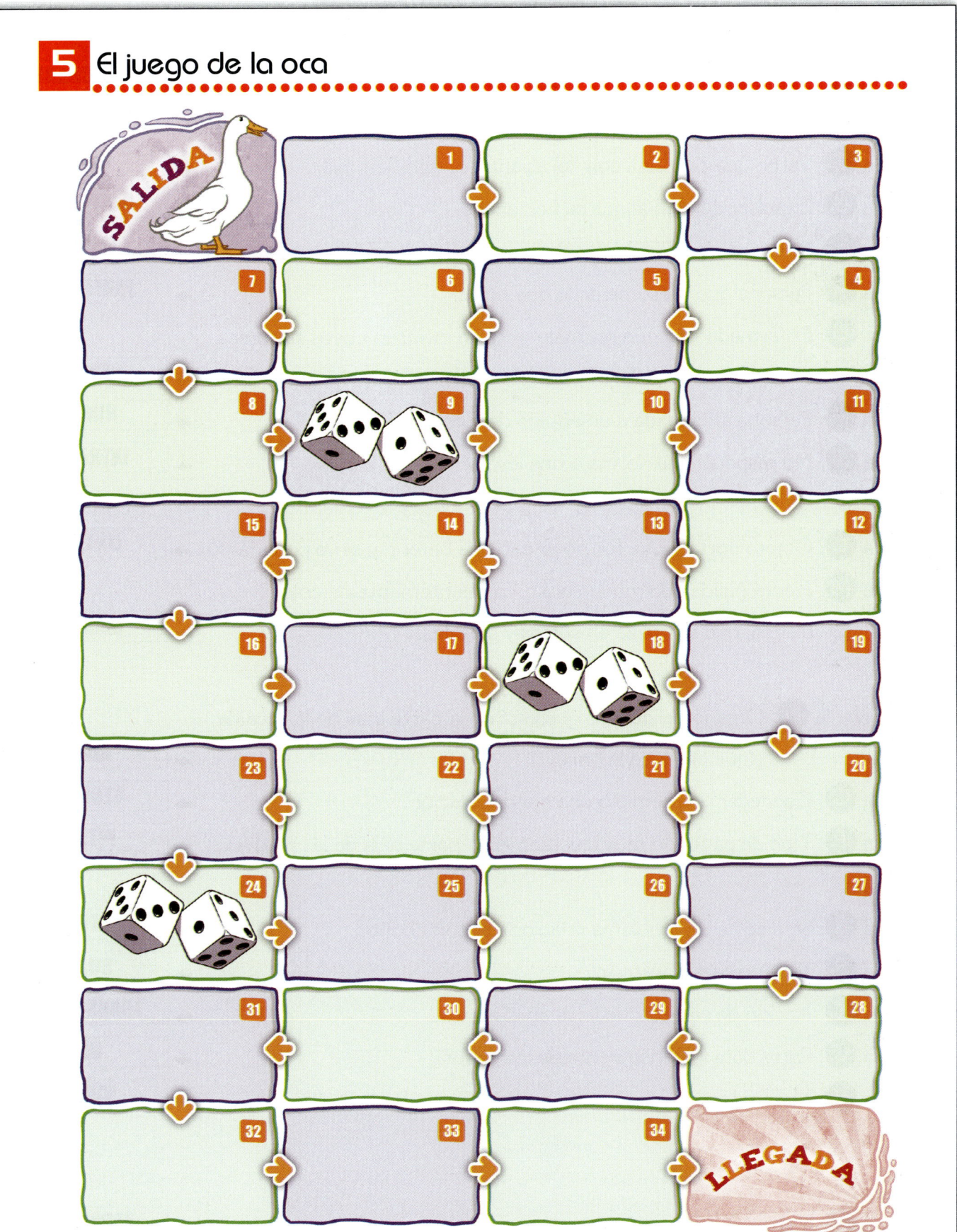

UNIDAD 4 - Ficha IOA

Pasapalabra

Equipo 1

- Con la **A**: Verbo que combina con "un botón". → **ABROCHARSE**
- Con la **B**: Parte de la cara que está debajo de la boca. → **BARBILLA**
- Con la **C**: Verbo que combina con "el asiento" y significa *dejar*. → **CEDER**
- Con la **D**: Expulsar del país al que se pertenece. → **DESTERRAR**
- Con la **E**: Resultado igualado entre dos equipos que han competido. → **EMPATE**
- Con la **F**: Persona que presume de lo que no es. → **FANFARRÓN**
- Con la **G**: Enfermedad común normalmente de invierno cuyos síntomas son dolores musculares y congestión nasal. → **GRIPE**
- Con la **H**: Persona aficionada a un equipo de fútbol. → **HINCHA**
- Con la **I**: No respetar una norma o una ley. → **INFRINGIR**
- **J**
- Con la **L**: Objeto portátil que funciona con una batería y sirve para dar luz. → **LINTERNA**
- Con la **M**: Piedra pulida con mucho brillo, frecuentemente de color blanco, que se utiliza en suelos y paredes. → **MÁRMOL**
- **N**
- Contiene la **Ñ**: Órgano del cuerpo que está en la parte baja de la espalda y que produce la orina. → **RIÑÓN**
- Con la **O**: Conceder un premio o una condecoración. → **OTORGAR**
- Con la **P**: Tipo de pantalón muy ajustado en la parte baja de las piernas. → **PITILLO**
- **Q**
- Con la **R**: Se dice de un problema relacionado con el riñón. → **RENAL**
- Con la **S**: Terreno para construir. → **SOLAR**
- Con la **T**: Acción de cambiar de línea en el metro. → **TRANSBORDO**
- Con la **U**: Parte dura y transparente de los dedos. → **UÑA**
- Con la **V**: Material frágil, cristal. → **VIDRIO**
- **X**
- **Y**
- Con la **Z**: Calzado cómodo que se utiliza en casa. → **ZAPATILLAS**

Pasapalabra

Equipo 2

- Con la **A**: Sensación de descanso o consuelo. → **ALIVIO**
- Con la **B**: Verbo que acompaña a récord, significa superarlo. → **BATIR**
- Con la **C**: Característica de la comida que no está cocinada. → **CRUDA**
- Con la **D**: Posibilidad de hacer lo que la ley establece. Se relaciona con *deber*. → **DERECHO**
- Con la **E**: Estructura ósea del cuerpo. → **ESQUELETO**
- Con la **F**: Parte principal de un edificio que se ve desde la calle. → **FACHADA**
- **G**
- Con la **H**: Pieza pequeña, normalmente de metal y decorativa, que se utiliza para sujetar el pelo. → **HORQUILLA**
- Con la **I**: Parte interna de nuestro cuerpo, tubo por el que van los alimentos. → **INTESTINO**
- Con la **J**: Conjunto de pelos de forma arqueada que están encima de los ojos. → **CEJA**
- Con la **L**: Pieza de barro de color rojizo que se utiliza para construir edificios. → **LADRILLO**
- Con la **M**: Objeto que se usa para cubrirse la cara, sobre todo en carnaval. → **MÁSCARA**
- Con la **N**: Se dice de una comida que alimenta bien. → **NUTRITIVO**
- **Ñ**
- Con la **O**: Se dice de un problema relacionado con los huesos. → **ÓSEO**
- Con la **P**: Pequeño rollo de papel o cartón que tiene pólvora y explota haciendo un gran ruido. → **PETARDO**
- Con la **Q**: Cuando combina con los zapatos, significa descalzarse. → **QUITARSE**
- **R**
- Con la **S**: Satisfacer la sensación de hambre con la comida. → **SACIARSE**
- Con la **T**: Persona que tiene facilidad para empezar disputas con los demás. → **TEMPERAMENTAL**
- Con la **U**: Se dice de un problema relacionado con la orina. → **URINARIO**
- Con la **V**: Ganar en una competición al adversario. → **VENCER**
- Con la **X**: Enfermedad mental con la que te ves siempre gordo. → **ANOREXIA**
- **Y**
- **Z**

UNIDAD 4 - Ficha IIA

Tarjetas de ayuda

1. Se usa subjuntivo para EXPRESAR INDIFERENCIA:
- *Me da igual que…*
- *Me da lo mismo que…*
- *No me importa nada que…*

2. HACER HIPÓTESIS:

+ INDICATIVO	+ SUBJUNTIVO
- *A lo mejor* - *Igual* - *Seguro que*	- *Es posible que* - *Es probable que* - *Dudo que*
- *Probablemente* - *Posiblemente*	- *Quizás* - *Tal vez*

3. Una biografía lingüística es la que refleja las experiencias de aprendizaje de lenguas: viajes al lugar del idioma que se aprende, ¿dónde y durante cuánto tiempo?, años de estudio, etc.

4. Todos los días del calendario están dedicados a un santo. Si tu nombre de pila coincide con él, este es el día de tu santo.

5. Relaciona:

1. A quien madruga…
2. Cría buena fama…
3. El que se levanta tarde…

a. ni oye misa, ni come carne.
b. Dios le ayuda.
c. y échate a dormir.

6. El pretérito imperfecto de subjuntivo se forma a partir de la 3.ª p. pl. del pretérito indefinido (sustituir –ron por las terminaciones –ra/ras, etc.).
Ej. *pedir* ➜ *pidie-ron* ➜ *pidiera*

7. Dos de estas expresiones significan dormirse rápidamente:
- *Dormir como un/a bendito/a.*
- *Quedarse frito/a.*
- *Dormir la borrachera.*
- *Quedarse sopa.*
- *Dormir como un lirón.*

8. Dos de las siguientes frases tienen **voseo**:
- *¿Amás mucho a ese pibe?*
- *¿Vas en guagua?*
- *¿Sabés dónde está Paco?*
- *¿Estáis contentos?*

10. Para CONTAR SUEÑOS usamos imperfecto (descripción del contexto) e indefinido (acciones) y unimos el relato con **conectores** del discurso (*al principio, luego, de repente, al cabo de un rato, al final…*).

11. PROPONER PLANES.
Solo una de estas fórmulas puede ir con presente de indicativo, ¿cuál?
- *¿Y si…?*
- *Estoy pensando en…*
- *¿Os apetece que…?*
- *¿Querrías que…?*

12. Recuerda:
El pretérito imperfecto de subjuntivo se forma a partir de la 3.ª p. pl. del pretérito indefinido (sustituir – ron por las terminaciones –ra/ras, etc.).
Ej. *pedir* ➜ *pidie-ron* ➜ *pidiera*

13. Relaciona:

1. Cesación del trabajo, inacción.
2. Tiempo libre, fuera de las obligaciones y ocupaciones habituales.

a. Tiempo libre.
b. Ocio.

14. Elige la definición:
a. Que no presta atención a lo que se hace.
b. Que no da confianza.

15. El significado es:
a. Tener mucho calor.
b. Gozar de buena salud.

Tarjetas de ayuda

16.
- *No tener dos dedos de…*
- *Dar la… a alguien.*
- *Costar un…*
- *Echar un…*
- *Echar algo en…*
- *Buscar tres… al gato.*

17. EXPRESAR CAUSA:
Porque, como, debido a + indicativo.

19. EXPRESAR QUEJAS + subjuntivo:
- *Estoy harto de que…*
- *No hay derecho a que…*
- *Es una vergüenza que…*

20. EXPRESAR NECESIDAD:
- *Habría que…*
- *Haría falta que…*
- *Sería imprescindible que…*

21. El pretérito imperfecto de subjuntivo se forma a partir de la 3.ª p. pl. del pretérito indefinido (sustituir *–ron* por las terminaciones *–ra/ras*, etc.).
Ej. *pedir* ➡ *pidie-ron* ➡ *pidiera*

22. Relaciona:

1. cimientos
2. pilar

a. Elemento vertical que recibe cargas del edificio.
b. Parte sobre la que se asienta un edificio.

23. Lee su definición:
Aversión: asco, repugnancia.
Resignación: capacidad de aceptación de las dificultades.

25. Recuerda:
Las expresiones de aversión y resignación van seguidas de infinitivo o subjuntivo.

26. *Empeñarse en algo* es insistir, persistir en algo.

27. Quienes poseen inteligencia emocional son populares, tienen empatía y buenas relaciones, controlan sentimientos negativos y son equilibrados.

29. Relaciona:

1. *motu proprio*
2. *in albis*

a. Quedarse en blanco.
b. Voluntariamente.

30. Para hacer advertencias usamos la estructura:
Como + subjuntivo + indicativo.

31. Una colocación léxica es una combinación característica de dos lexemas entre los que existe cierta afinidad:
hacer transbordo, agarrarse a la barandilla, abrocharse los botones, subirse la bragueta, meter un gol…

32. LLEVAR:
1. Conducir algo desde un lugar a otro; 2. Cortar, separar violentamente una cosa de otra; 3. Estar (o no) preparado para algo –locución coloq.; 4. Guiar, conducir, dirigir; 5. Haber pasado un periodo de tiempo.

33. Recuerda la diferencia entre oraciones impersonales (*se* + verbo intransitivo en 3.ª p. sing.) y pasivas reflejas (*se* + v. transitivo en 3.ª p. sing. o pl.).

34. El pretérito imperfecto de subjuntivo se forma a partir de la 3.ª p. pl. del pretérito indefinido (sustituir *–ron* por las terminaciones *–ra/ras*, etc.).
Ej. *pedir* ➡ *pidie-ron* ➡ *pidiera*

El rojo es, **necesariamente**, un color emparejado a la velocidad y a la juventud. El negro, **curiosamente**, es el color de las personas extrovertidas, y está asociado con la innovación y el diseño; les gusta la conducción elegante y suave. Quienes escogen autos color anaranjado o café tienden a ser gente práctica y conducen **inteligentemente**. Si la carrocería está pintada en azul, su comportamiento en las calles, es como el de su vida en general: **correctamente**. Los que eligen el color amarillo, conducen, **lamentablemente**, con violencia y agresividad. Los coches blancos responden a personas pacíficas, simples, y, **forzosamente**, se comportan de esa manera en la carretera. Por último, el color gris está asociado con la austeridad, lo convencional y las ganas de pasar desapercibido, así es que, **afortunadamente** para el tráfico, son personas que conducen **tranquilamente**.

Música y deporte

La música es importante a la hora de hacer deporte, y por ello en infinidad de ocasiones hemos realizado listas de reproducción adecuadas para cada disciplina o modalidad, incluso para cada sesión de entrenamiento. Las notas musicales tienen un efecto en nuestro estado de ánimo, y el papel que ocupa la música en la actividad deportiva es muy importante. No solo cuando hacemos deporte en grupo debemos usar música, también en nuestros entrenamientos personales podemos hacer de ella un **aliado** porque nos ayudará marcando los ritmos y la velocidad.

A la hora de practicar ejercicio aeróbico como la carrera, la bicicleta, el *step*… la música que utilicemos debe ser de baile, que tenga un ritmo **pegadizo** y rápido, fácil de seguir para que sea un **aliciente**. El *dance*, la salsa, la música electrónica, *rap*,… son algunas de las más recomendables para estas actividades.

A la hora de entrenar en sala con **pesos**, no es necesario mantener un paso constante y por tanto el ritmo no es tan determinante, pero escuchando música nos concentraremos mejor y tendremos una motivación extra; escuchar música elevando peso nos ayudará a animarnos. La música recomendable en estos momentos debe ser movida, aunque no es necesario que sea tan rítmica como para las actividades aeróbicas (jazz, *soul*, *blues*…). Simplemente debe trasmitirnos buenas vibraciones para sacar de nosotros el mejor humor y así **rendir** más.

Los **estiramientos** y la vuelta a la calma la haremos poniendo música más lenta y pausada (clásica, ópera, *blues* lento…). Haciéndolo de esta manera, nos iremos a casa, además, con la mente limpia.

Dime qué red social usas y te diré...

GRUPO C.

Dime qué red social usas y te diré qué buscas en Internet.

No todas las redes sociales sirven para lo mismo, ni todas las personas que utilizan las redes sociales tienen el mismo perfil. Por lo que yo **sé**, *Facebook* es la red social por excelencia para encontrar amigos de la infancia o simplemente para conocer gente nueva con la que **se** comparten vivencias y fotos, **mas** está siendo muy utilizada por las empresas como plataforma para que **dé** a conocer sus artículos y pueda mantener comunicación directa con su audiencia o sus seguidores. *Tuenti* es muy similar, pero dirigida a un público más adolescente.

Si buscas trabajo, o buscas la persona adecuada para cubrir un puesto, **te** deberás dar de alta en *LinkedIn*. Para **mí**, es una de las redes más profesionales y es una de las más utilizadas en el mundo laboral.

En *Twitter* **el** funcionamiento es totalmente diferente al resto **de** redes sociales. Los usuarios comentan información o lo que quieran compartir con el resto en tan solo 140 caracteres. Su funcionamiento es muy sencillo, y **tú** podrás hacerte seguidor de aquellas personas o usuarios que comenten cosas relacionadas con tus gustos, preferencias o quizás información que pueda ser de **tu** interés. Con un funcionamiento muy parecido está también *Plurk*, **aún** muy nueva en España.

MySpace es una red social de tipo blog que puedes personalizarla, subir tus fotos o vídeos y mantener contacto con tus amigos. Es de las más utilizadas por cantantes de todo el mundo para dar a conocer su música, poder mantener contacto con sus seguidores o compartir **aun** sus vivencias con ellos. Su perfil de usuario se sitúa en personas jóvenes de entre 18 a 30 años que buscan seguir las últimas noticias o vídeos de sus artistas favoritos.

Por otro lado, si eres un amante de la fotografía deberás darte de alta en *Flickr*. Tiene una utilización muy sencilla y en ella sus usuarios suben sus creaciones fotográficas o comentan las de otros. Mas si lo que quieres es compartir tus vídeos o buscarlos, *YouTube* o *Vimeo* son tus redes sociales; esta última aún no tan conocida. En ella encontrarás vídeos de todo tipo y para todos los gustos.

Los abuelos

EXPLOTADOS
EXPLOTADOS
EXPLOTADOS
EXPLOTADOS
EXPLOTADOS

INDIGNADOS
INDIGNADOS
INDIGNADOS
INDIGNADOS
INDIGNADOS

DESBORDADOS
DESBORDADOS
DESBORDADOS
DESBORDADOS
DESBORDADOS

OLVIDADOS
OLVIDADOS
OLVIDADOS
OLVIDADOS
OLVIDADOS

Madre e hija

TEXTO A

Cuando Fátima llegó a casa de su madre, más tarde de lo habitual, su hijo estaba dormido. La abuela se quejó de que el niño se había portado bastante mal ese día y se molestó cuando su hija le confesó que había dado un paseo, le reprochó que se hubiera ido de paseo mientras ella cuidaba de su hijo. Aunque Fátima se excusó diciendo que había tenido un mal día, su madre se enfadó todavía más y la acusó de ser egoísta. Finalmente la madre admitió que le gustaba cuidar de su nieto, pero insistió en que Fátima era muy egoísta.

TEXTO B

Fátima llegó a casa de su madre y la encontró bastante cansada. Las dos habían tenido un día agotador y Fátima admitió que llegaba tarde por haberse entretenido en el camino paseando. A su madre no le gustó y le pidió que fuera a comer lo antes posible para terminar de recoger. Cuando Fátima intentó disculparse, su madre se enfadó y le exigió que se callara.

Equipo 2

Equipo 1

Edi numen
© Editorial Edinumen

Z